故宫生活志

The Secret Life of the Forbidden City

周乾 著

人民文学出版社

图书在版编目（CIP）数据

故宫生活志 / 周乾著. -- 北京：人民文学出版社，2025. -- ISBN 978-7-02-019217-5

I．K248.06

中国国家版本馆 CIP 数据核字第 2025N8X023 号

责任编辑　陈　莹　王一珂
装帧设计　陶　雷
责任印制　宋佳月

出版发行　人民文学出版社
社　　址　北京市朝内大街 166 号
邮政编码　100705

印　　刷　天津善印科技有限公司
经　　销　全国新华书店等

字　　数　138 千字
开　　本　710 毫米 ×1000 毫米　1/16
印　　张　22.5
版　　次　2025 年 6 月北京第 1 版
印　　次　2025 年 6 月第 1 次印刷

书　　号　978-7-02-019217-5
定　　价　112.00 元

如有印装质量问题，请与本社图书销售中心调换。电话：010-65233595

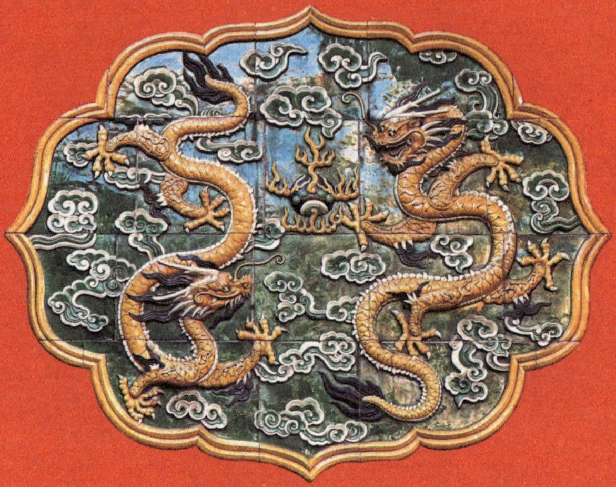

目录
CONTENTS

卷一 起居

一 皇子居所今何在 003
金碧辉煌的紫禁城，为何有片绿顶建筑群 003
南三所宫禁疑案 006
道光帝误伤长子 008

二 紫禁城里的皇家学校 010
皇太子的"私塾" 010
宦官的"职业学校" 012
阿哥们的课程表 014
重臣的"摇篮" 017
溥仪的"私人学堂" 022
"数学学霸"康熙帝 023

三 宫中如何防暑 029
故宫的冰窖能藏多少块冰 029
紫禁城的冰箱 031
皇家冰棍的配方 034

四 宫中驱蚊有妙招 036
紫禁城中的"特大蚊帐" 036
熏香与避暑香珠 037

五 · 国礼竟是"痒痒挠"？ 040
　　如意的前世是"痒痒挠" 040
　　最受欢迎的"国礼" 041

六 · 皇家地暖冬不寒 044
　　为什么紫禁城中少见烟囱 044
　　什么人才能用上红箩炭 048
　　皇宫里有"火墙"和火炕吗 049

七 · 紫禁城的"防火秘籍" 053
　　故宫六百年，一部防火史 053
　　神秘的"避火咒" 072
　　故宫里的"防火墙"与灭火器 082

八 · 紫禁城的安全谁来保证 094
　　皇宫的警备有多森严 094
　　特殊的皇家警报 097
　　隆宗门匾额上为何有支箭头 101

九 · 太医院的秘密 105
　　紫禁城中的皇家医学实验室 105
　　神奇西药与巧克力的误会 108

- 皇家电话局　111
  - 我国首条皇家电话专线　111
  - 储秀宫里的电话局　112

饮酌 卷二

- 皇家用膳规矩多　117
  - 皇家饮食由谁负责　117
  - 皇帝每天只吃两顿饭吗　120

- 皇家"特色菜"　124
  - 木兰秋狝与烤鹿肉　124
  - 乾隆帝亲配八珍糕　129
  - 慈禧太后的菊花火锅　130
  - 溥仪吃西餐　133
  - 皇家年夜饭　135
  - 皇帝的膳单　143

- 皇帝的"茶缘"　148
  - 明代皇帝爱喝什么茶　148
  - 因茶获罪的驸马　149
  - 康熙帝亲自定名"碧螺春"　150
  - 雍正帝因茶"设府"　151

清代皇室也是"奶茶控" 152
消暑"仙茶"与代茶饮 156

四 * 清宫酒香巷子深 158
葡萄酒治好了康熙帝的"心病"？ 158
雍正帝真的滴酒不沾？ 159
乾隆帝与"天下第一泉"酒 162
慈禧太后好饮莲花白 163

卷三 行乐

* 皇家大戏楼里的古代科技 167
畅音阁里的古代音响系统 167
皇家戏楼遗迹寻踪 177

* 宫里的焰火有多好看 179
炫目的宫廷焰火 179
古代烟花的制作技艺 183

* 射柳"比武大会" 186
射柳兴起于何时 186
明清宫廷中的射柳活动 188
从射柳看如何做出一把好弓 189

四 · 宫里的秋千不仅是用来玩的 191
　　秋千与寒食节 191
　　宫里的"西洋秋千" 194

五 · 皇帝小时候玩什么玩具 199
　　溥仪最爱的鸟音笼 199
　　有趣的"机械人" 201
　　在宫里"拉洋片" 203
　　手持小风扇 204

六 · 爱玩"COSPLAY"的雍正帝 206
　　行乐图 206
　　洋装像 206

七 · 清宫西洋乐队 213
　　明代的钢琴风 213
　　洋乐入清宫 214

八 · 明清皇宫流行哪些运动项目 219
　　蹴鞠到明清彻底式微了吗 219
　　皇家"冬运会" 225
　　明清宫廷里的"高尔夫球"运动 229

九 ❋ 皇帝的宠物 233
　　明清皇帝的爱犬 233
　　是皇帝也是"猫奴" 249
　　故宫"御猫"今何在 257
　　劳民伤财的蟋蟀 262
　　宫城中的鸽群 267

卷四 节俗

一 ❋ 皇家怎么过新年 275
　　清代皇帝派发的新年"红包盲盒" 275
　　开笔饮屠苏 278
　　元宵鳌山灯 281
　　清代宫中的万寿灯与天灯 283
　　新年"团拜会" 288
　　宫中的白色春联 290
　　三清茶与新年"茶话会" 293
　　元宵节的千人灯戏 296

二 ❋ 古代"劳动节"与"一亩三分地" 300
　　皇帝的"亲耕礼" 300
　　康熙帝发现的"御稻米" 307
　　皇后的"亲蚕礼" 310

三 • 宫里如何过端午 318
　　悬艾虎 318
　　虎镇五毒补子 320
　　葫芦镇五毒香袋 321
　　御赐宫扇 325
　　携锭药，饮药酒 327
　　游湖观舟 329
　　端午承应戏 331

四 • 宫里如何过中秋 335
　　祭月赏月 335
　　花样繁多的宫廷月饼 341

• 后记 345

故宫
生活志

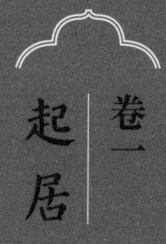

卷一 | 起居

一 · 皇子居所今何在

在东华门与文华门之间,有一组红墙绿瓦的建筑,在黄瓦红墙中十分显眼。宫门前三座石桥,与大内西海子蜿蜒相连。这里俗称"南三所",曾是皇子们居住、生活的地方。

金碧辉煌的紫禁城,为何有片绿顶建筑群

皇子的居所是绿瓦顶,这有什么讲究呢?事实上,古人笃信"五行五方五色"的说法,五行中"木"位于东方,与青色对应,主生长。皇子们承载着国朝未来的希望,故而凡大内俱用黄琉璃瓦,惟此地用绿,

◎ 南三所西所二进院东配殿俯瞰

◆ 南三所门廊

象征着国运的蓬勃与希望。

  进入南三所的门廊便是前庭。前庭院落以北，自东向西有三组布局和样式基本一致的并排建筑，被称为东所、中所和西所。嘉庆、道光、咸丰三代帝王登基前都在这里生活过。曾居住在此的皇子还有明万历帝长子朱常洛（泰昌帝），清乾隆帝三子永璋、清道光帝长子奕纬、四子奕詝（咸丰帝）、六子奕䜣、七子奕譞。

  南三所位于故宫东华门区域。在历史上，它有过很多名字：撷芳殿、端本宫、慈庆宫……在明代，这里曾是东宫皇子大婚及婚后生活的居所。明万历十年（1582），这里改建为三所，正式成为皇子居住的地方。到清朝时，也被宫人呼为"阿哥所"。

  三所在历史上曾经过多次改建。嘉靖十五年（1536）四月，嘉靖帝命人在位于紫禁城东部的清宁宫后面兴建慈庆宫，作为邵太后（明宪宗朱见深的贵妃）的居所。四年半后，慈庆宫建成。万历时期，这里成为皇太子朱常洛的居所。从那时起，撷芳殿便作为中庭建筑之一，成为慈庆宫的主要宫馆。崇祯十五年（1642）年七月，慈庆宫被赐予太子朱慈烺，作为他大婚前的居所，更名为端本宫。原本居住在内的懿安张皇

◆ 西所一进院

◆ 西所二进院

◆ 西所三进院

后移居至紫禁城东北部的仁寿宫。此后端本宫的布局基本没有再发生变化。

乾隆十二年（1747），端本宫被改建成南三所，专为皇子所居。此次改建在三进院落之后各加盖一座后罩房❶。我们如今看到的南三所建筑群，就是乾隆十九年（1754）改建后的布局样式，分为东所、中所、西所，各所均由一、二、三进院及后罩房组成。

南三所宫禁疑案

作为皇子的居所，南三所发生过许多不为人知的宫闱秘事。最知名的当属晚明三大疑案之一的"梃击案"。

据《明季北略》《先拨志始》载，万历四十三年（1615）五月初四黄昏，一个名叫张差的蓟州平民手持木棒，从东华门进宫，直闯入当时还叫慈庆宫的三所，打倒了当值的太监李鉴，意欲刺杀太子朱常洛。另一位值守太监韩本用连忙叫来数人，花了不少力气才将张差抓住送审。此案背后，牵连出宫闱斗争的血雨腥风。

当时，万历皇后王氏膝下无子，皇长子朱常洛为宫女所生，皇三子朱常洵的生母则是万历帝宠妃郑贵妃。万历帝想立皇三子为太子，却遭到生母李太后及朝中大臣的反对。据张差供述，李太后去世后第二年，郑贵妃同手下太监庞保、刘成秘密策划，找到宫外的张差来刺杀太子。因为事涉宠妃，万历帝不愿深究，只令贵妃请求太子宽宥。一场被言官称为"亘古奇变"的宫闱激变，最终以秘密处死案犯张差、庞保、刘成而草草收场。梃击案到底是郑贵妃指使，还是朱常洛为稳固地位自导自

---

❶ 后罩房一般位于正房后面，与正房平行，通常是给女性家眷或用人准备的。

●《明光宗朱常洛坐像》

演的"大戏",至此再无对证。从此,郑贵妃一派实力大衰,身陷党争和国本之争的太子朱常洛地位则愈发稳固。

道光帝误伤长子

清道光时期,时年十七岁的大阿哥奕纬也曾在南三所生活。这位年轻的皇长子在此居住了七年,直到二十四岁时去世。奕纬去世后,南三所在很长一段时间里再无人居住。

清末太监信修明在《老太监的回忆》中提到,当年奕纬就死在南三所的撷芳殿。书中说,奕纬在上书房读书不认真,被老师批评。奕纬对

● 断虹桥

此怀恨在心，发狠说道："等我做了皇上，先杀了你。"老师闻言大惊，将这句话转奏给了道光帝。道光帝闻言大怒，在撷芳殿传唤奕纬。奕纬刚跪下请安，道光帝就朝他猛踢了一脚，正好踢伤了下部。没过几天，奕纬便去世了。

　　巧合的是，故宫的西华门区域有一座元代石桥，叫做"断虹桥"。桥上栏杆处装饰着多只栩栩如生的小石狮子。由南往北数的第四只狮子一手抓着头发，一手护着裆部，表情痛苦，大家都说，这与奕纬被踢时痛苦的表情几乎一模一样。相传，道光帝因伤心懊悔，派人用布将这只狮子罩了起来，在很长一段时间里，也尽量避免从断虹桥上经过，怕触景伤情。

● 断虹桥上的"护裆狮"

　　当然，老太监的回忆只是关于奕纬死因的一家之言，与正史史料记载出入很大。据《清实录》载，奕纬因病在圆明园住了半年，调养身体，最终还是医治无效去世。朝鲜学者李圭景在《五洲衍文长笺散稿》中认为，奕纬死于过量吸食鸦片。然而，不管道光皇帝误伤奕纬之事是否属实，清代对于皇子教育的严格程度，较明代有过之而无不及。

二 · 紫禁城里的皇家学校

紫禁城中,林林总总设立了好几所"皇家学校",有专供皇太子学习的上书房,有为皇亲国戚开办的宗学,有几所专供八旗子弟学习的官学,还有对宦官进行"职业教育"的内书堂。

皇太子的"私塾"

明代专辟文华殿为皇太子学习的地方。按明代太子学习的规制,皇太子年幼时,需由内臣伴读写字,口授《大学》《论语》《中庸》等儒家经典,并向皇子陈述民情、农桑、军务等内容,同时教授宫廷日常礼仪。皇太子八岁后可出阁讲学,讲学的地点一般就设在故宫东部的文华殿。

明代的太子课业相当繁重。按皇家规矩,每日早朝后,皇太子要去文华殿读"四书五经"、史书等,有侍读官伴读;巳时,由侍讲官进行讲解,再由侍书官教授书法。按规矩,太子冬天每日需写五十字,其余三季每日需写一百字,直练到午间方可回去休息。太子回慈庆宫午膳后,或休息,或学习骑射;每天晚上还要"读本日所授书各数遍,至熟而止"。

在文华殿学习的明代太子中,以明光宗朱常洛留下的掌故最多。据《皇明通纪集要》记载,朱常洛生性颖悟,深谙经义。有一次,讲官刘日宁讲到"乱德"一词时,解读为"以是为非,以非为是",年少的太子却答,所谓"乱德",当是"颠倒是非"。众讲官听闻,大赞太子的解释言简意赅,见识精妙。讲官焦竑请朱常洛解释《尚书》中"惟皇上帝,降衷于下民。若有恒性,克绥厥猷惟后"的含义,他对之以《中庸》中的"天命之谓性"。讲官董其昌请朱常洛解释《论语》中"择可劳而劳之"的含义,他以"所谓不轻用民力也"作答。这些绝妙的回答,引得讲官们叹服不已。

太子时期的朱常洛不受父皇宠爱，又长年受郑贵妃一党的压制，养成了少年老成、处事机敏的个性。十三岁那年，朱常洛在文华殿讲学，曾巧妙地化解过一次讲官师傅的尴尬。那时文华殿的讲案前设有一对铜鹤，讲官进殿后，按规矩要在讲案前叩首行礼，在太子答礼后方可起身，站在铜鹤前东西向讲学。一次，一名新来的讲官不懂规矩，直接绕到铜鹤后面去了。年少的太子悄悄吩咐内侍官"移铜鹤可近前些"，帮助讲

◆ 文华殿正殿

官站到了正确的位置，给了讲官下台阶的机会。少年太子如此体贴臣下，小小的举动赢得了在场官员的嘉许。

宦官的"职业学校"

内书堂是明代宫廷设立的宦官学校。明初，朱元璋曾严禁宦官读书识字。然而自洪武中期开始，已有宦官在内廷学习的记载。这主要是因为皇帝要处理的奏章太多，只能安排宦官代为批红，协助处理朝内事务。于是，具有学识及政务处理能力的宦官逐渐受到重视。相应地，宦官教育也被提上了宫内管理日程。据《明会要》载，宣德元年（1426）七月，紫禁城始立内书堂，先后令翰林修撰刘翀、大学士陈山、翰林修撰朱祚等人教授小宦官读书。参加学习的小宦官年龄均在十岁上下，起初有二三百人，后来发展到四五百人，由四位翰林官员负责教习。

内书堂设在什么地方呢？据明人黄瑜《双槐岁钞》载，内书堂初设于文华殿东庑，后因皇太子读书的地点也选在此处，内书堂便迁到了宫外的司礼监（今北京市东城区吉安所右巷附近）。隆庆末年至万历初年，时任翰林院修撰的徐显卿曾在内书堂给宦官们授课。明人余士、吴钺绘制的《徐显卿宦迹图》中就有"司礼授书"的部分，描绘了徐显卿在内书堂授课的情景。画面中的内书堂庭院古树环绕，身着红色官服的徐显卿正襟危坐于讲堂正中的桌案前，身穿青衣的宦官们井然肃立于台阶两侧。不过画面中听课的宦官似乎并非十岁左右的幼童，大抵内书堂的教学自十岁始，贯穿了宦官们的青年时代。

明代宦官学习的内容非常丰富。刘若愚《酌中志》载，小宦官既要学《百家姓》《千字文》《孝经》《千家诗》《神童诗》等蒙学读物，又要研习《大学》《论语》《孟子》《中庸》等儒家经典，还要学习明代对宫禁

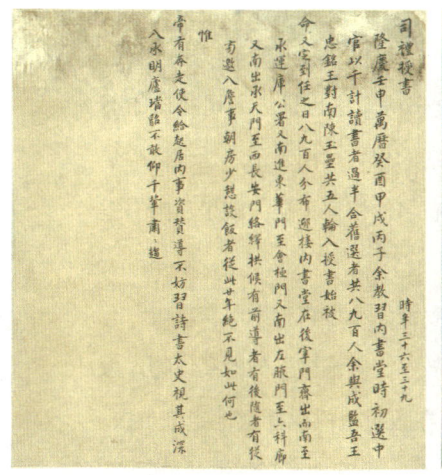

● [明]余壬、吴钺:《徐显卿宦迹图·司礼授书》

的戒谕《内令》、专讲宦德的"化宦书"《中鉴录》,以及记述宦官史迹的《貂珰史鉴》等。此外,为以后进入司礼监作准备,小宦官还要学习"判仿",也就是模拟批复奏章,培养对内阁票拟进行"披红"的能力。

内书堂的教学管理十分严格。其主管机构是司礼监,最高负责人为提督太监,日常学习由掌司、学长等分管。小宦官入学当天,要对着孔子牌位和授课老师行拜礼;要交白蜡、手帕、龙挂香等物作为学费。内书堂有着严格的教学纪律,每月初一、十五及节令日放假,其余时间都要按时上学。课堂上,小宦官字写得不工整,不能背诵老师指定的内容,污损书籍或字帖,或出现其他违纪问题时,授课老师会负责"打报告"到分管掌司处,提督太监会按违纪情节的严重程度进行处罚。违纪受到的处罚相当严厉,轻则学长用特制的木尺打手掌,重则在孔子像前罚跪;犯了更严重的错误,还会受到诸如"扳著"等严酷的体罚。据《酌中志》记载,万历年间,一名叫王安的学生调皮好动,不好好念书,负责照管王安的宦官杜茂就用绳子把王安绑在凳子上,逼他坐下来读书;王安不好好写字,杜茂就会用棍棒责打他。

可以说,内书堂是宦官职业生涯中最好的"开局起跑线"。小宦官从内书堂结业后,最好的出路是进入文书房,这也是进入司礼监的前站。明代的司礼监太监具有代替皇帝披红的权力,相当于内廷辅臣,是所有宦官为之奋斗的目标。明代第一个有名的权宦王振,就是从内书堂结业的。

《酌中志》另载:嘉靖年间,有个叫姜淮的小宦官极为敢言善辩。有天,趁当日授课的老师太史殷士瞻不在教室,姜淮戴上他的乌纱帽,束上银腰带,模仿着他平时上课的样子,在教室里摇摇摆摆地走来走去。恰逢殷士瞻回来,一眼撞见此景,非常生气。姜淮却不慌不忙地辩解道:"师傅以后要系一品官用的玉带,这条银带算不了什么。"殷士瞻听了,竟大笑作罢。后来,殷士瞻果真当上了武英殿大学士,系上了玉带。他的夫人想起姜淮,还托总管太监冯保多多关照这位当年的学生。这时的姜淮已经做了御马监奉御,为人依旧精乖,得知此事后,还专程赴殷府拜见了"师母",以谢二人的恩情。

阿哥们的课程表

明代皇子多在文华殿上学,清代皇子读书的地方则挪到了上书房。上书房位于乾清门东侧。紧挨着乾清门的一排长房共七楹❶,靠近门廊的两楹为下屋,是皇子们的课间休息室;其余五楹为上书房,是皇子学习的教室。

清代皇子一般在六岁开蒙。据《国朝宫史》载,皇子入学之日要举行隆重的拜师礼,事先预备给师傅坐的杌子四张,高桌四张,桌上摆好书籍笔砚。拜师仪式开始后,皇子要向师傅行礼,师傅不可辞让,应受

---

❶ 在古建筑领域,两根立柱之间的范围可称为"一楹"。

● 上书房及下屋

其礼；如果师傅实在不愿受礼，皇子也要向师傅的座位行作揖礼，表示对师傅的尊重。

清代皇子的课业极其繁重，较明代有过之而无不及。道光帝第七子奕譞的《竹窗笔记》中，对皇子的课业情况有极为详细的记载：师傅与皇子每日均要在卯时（约早上五时至七时）到上书房。先由伯哩谙达❶、蒙古谙达、满洲谙达按顺序教授皇子们拉弓、蒙语、满汉语。学完早课，皇子们在辰初二刻（约早上七时三十分）到下屋休息处用早膳。之后整个上午的课程是"四书五经"，要复习旧文、学习新文。皇子们会在午正时分，也就是中午十二时左右吃晚餐——没错，是吃晚餐。清代宫中的正餐只有早餐、晚餐；但中途随时可以加餐。晚餐后，皇子们还要继续学习写字，念古文、念诗。年龄稍大的皇子还要读《资治通鉴》，练习诗赋，但不学八股文。一年的大部分时间里，皇子们的放学时间都

❶ 伯哩谙达从八旗参领、佐领一级人员中挑选弓马娴熟者充任，负责教授弓箭。

是未正二刻（约下午二时三十分）；外府王公则会在午初（约上午十一时）放学。放学后，伯哩谙达还会带领皇子们在南三所门廊内的前庭空地上练习骑射。皇子读书风雨无阻，每年只有六天时间可以休息。这六天分别是：万寿节❶及前一天、元旦、端午、中秋和皇子本人生日。

师傅对皇子的管教极其严格。如果功课没完成，或者课堂表现不好，会被罚背书、写字，或者站着读书。受罚的皇子只有在完成功课和处罚后才能吃饭。上课期间，皇子们不能随意到下屋休息，更不能出乾清门，只有经师傅允许，才能去休息，而且每天至多只能休息两次，每次休息时间不可超过一刻钟。

每位皇子还有专门的师傅，类似于"一对一"授课。教导皇子读书的师傅个顶个都是饱学之士，不仅传授经义，也是皇子的"人生导师"，有时甚至会在皇子的人生道路上起到至关重要的作用。

这里讲一个例子。杜受田是道光帝第四子奕詝的老师。杜是山东滨州人，乾隆五十二年（1787）生，其父杜堮为清嘉庆时期翰林院编修、礼部左侍郎。杜受田受父亲影响，勤奋好学，曾取得会试第一、殿试二甲第一的佳绩。道光十五年（1835），杜受田被特召进京，直上书房，教授皇子读书。第二年，被选为四阿哥的老师。道光帝晚年，传位之事一直未决。他喜欢六阿哥奕䜣，但四阿哥奕詝又以"贤德"闻名，因此犹豫不决。在道光帝考验皇子们的紧要关头，杜受田给四阿哥出的良策，促使道光帝下定决心，传位于四阿哥。

据《清史稿》记载：某年春天，道光帝命诸皇子去郊外打猎，存心试探他们的武艺。杜受田耳语四阿哥奕詝，让他在打猎时不发一箭，并告诫他的手下也不要杀生。猎场上，六阿哥奕䜣箭无虚发，满载而归，

---

❶ 皇帝的诞辰，取万寿无疆之意。

四阿哥奕詝却一只猎物都没打。道光帝很奇怪，问其缘由，奕詝便按老师所教回答说：春天是万物生长、鸟兽孕育、万物和谐的季节，我不忍心杀生，也不愿和弟弟通过射杀动物的方式来一较高下。道光帝闻言大悦，称赞道："此真帝者之言。"

后来道光帝病重，决定再考验一次四阿哥和六阿哥。他分别把两人叫到床前，问身后的治国大事。杜受田向奕詝建议：论智力和口才，你比不上六阿哥，因此当皇帝问起治国之道时，你只需痛哭流涕，表达对父皇的恋恋不舍。道光帝先把六阿哥奕䜣叫到床榻前问，如果他当上皇帝，该如何治理国家？奕䜣口若悬河，滔滔不绝地讲出自己的治国规划。而轮到四阿哥奕詝时，他跪地抽泣不已："儿臣日夜对上苍祈祷，唯一的愿望就是父皇早日康复，这是国家万幸之事，也是儿臣最大的心愿。"道光帝闻言深受感动，说道："皇四子仁孝。"自此便下定决心，传位于四阿哥奕詝。

重臣的"摇篮"

紫禁城中还有一所清代官宦子弟的"官学"，设在咸安宫。明代时，这里曾是后妃居所。清代初年，康熙帝曾两次于此幽禁太子，之后这里便成了闲庭冷院。雍正时期，这里成为宫中官学，培养了数位堪为股肱的清廷重臣。

设立这所官学的目的，是为了培养内务府三旗❶中的优秀子弟，以缓解当时景山官学生❷功课不专的局面。官学要求从内府佐领、管领的子女及景山官学生中选取五十至一百人组成新的咸安宫官学，由翰林教

---

❶ 指镶黄旗、正黄旗、正白旗。
❷ 景山官学是清代八旗子弟学校的一种。

● 寿安门，内为寿安宫，曾为咸安宫官学校址

习功课，同时请乌拉❶教习满语及射箭技术。因为长庚门北侧的咸安宫有大量房屋空闲，且有射箭之处，官学便选在了咸安宫。第二年四月，内务府又选拔了九十名十三至二十三岁之间的学生，从咸安宫清理出房屋三处，配备了翰林院官员、乌拉各九名，作为官学教师。

需要说明的是，紫禁城内其实有两处咸安宫：一处是位于长庚门北侧的官学所在地，后被改建为寿安宫；另一处则在西华门与武英殿之间，始建于清康熙二十一年（1682），掌管着皇帝冠冕、袍服及履舃、靴袜的尚衣监便设在这处咸安宫的配殿内，寿安宫建成后，咸安宫官学移至此处。1912年，咸安宫因火灾被焚毁，仅留下宫门。后民国政府在其遗址处建造宝蕴楼，作为文物库房。

据雍正年间担任咸安宫教习的甘汝来回忆，官学的日常管理十分严格。按照官学规定，学生每天到校后，须整理衣冠，向老师行礼；在校

❶ 乌拉为清初东北部落名；此处指精通满语的乌拉人。

◆ 咸安门，内为宝蕴楼，曾为咸安宫官学校址

学习期间应举止有礼，互相谦让；要珍惜书本，不可损坏、涂污；如果当日不能来校，应提前向老师告假，获得批准后方可获假。学校每日安排晨读，要将前一日学的知识牢记背熟；课堂上以听老师讲授"四书"内容为主；课后须习端楷一篇，书写笔法要工整匀净；下午主要以温习课文、诵解《圣谕广训》为主。官学每五天安排一次考试，作科举应试之文；课程闲暇之余，还要学习满语、骑射。学校对学生采取考核评价制，每位老师都备有一个功课簿，每天记录学生的学习情况，定期交给总理稽查官，对学生进行奖优惩弊；对于那些学习成绩差、学习态度又不上进的学生，稽查官会在禀明内务府总管之后勒令其退学。

经过严格的奖拔和裁汰，完成学业的咸安宫官学生在选官任命时往往能享受一些"特殊照顾"。《吏部铨选则例》明确规定，在人才选拔考试时，"至咸安宫官学生试卷，于卷面另盖用咸字戳记，阅卷大臣查核该生试卷数目，择其翻译精通之卷，酌量多取数名"。

以和珅为代表的多位清代大臣都曾受学于咸安宫官学。和珅出身满

◆ 毓庆宫院落俯瞰

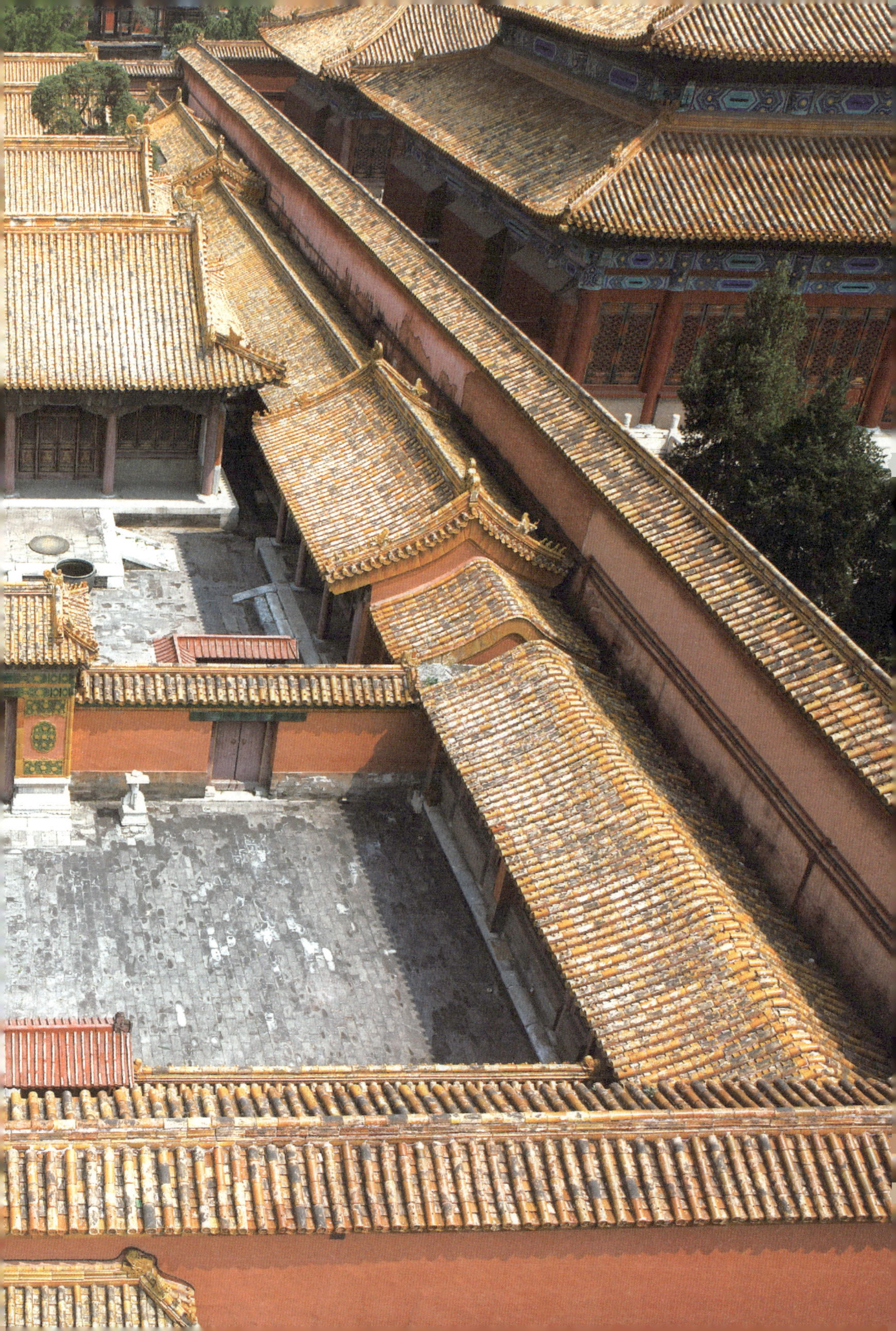

洲正红旗，家族有三等轻车都尉的世袭爵位，其父常保又曾担任福建省兵马副都统。和珅由此获得了入学考试的资格，顺利通过考试，成功进入咸安宫官学。他天资聪颖，记忆力强，过目不忘，学习也很勤奋，经常得到老师的夸奖。在咸安宫官学中，和珅学习了"四书五经"等儒家经典，精通汉、满、蒙、藏四种语言文字，文化修养超过了当时绝大多数满族官员。在咸安宫官学期间，他还得到了刑部尚书兼直隶总督冯英廉的赏识，成了冯家的孙女婿。这些都为他日后的发迹奠定了基础。

溥仪的"私人学堂"

在紫禁城内廷东路的奉先殿与斋宫之间，坐落着一座康熙年间修建的宫院——毓庆宫。光绪帝载湉、宣统帝溥仪都曾在此读书。宣统三年（1911）七月，时年五岁的溥仪在中南海瀛台的补桐书屋正式开蒙，没多久便将学堂移到了毓庆宫西屋。毓庆宫后小院东侧有一棵桧柏，溥仪在学习之余，常在树下斗蛐蛐、看蚂蚁、挖蚯蚓。

作为皇帝，溥仪在读书方面有诸多"特权"。在这间专用书屋里，他的座位坐北朝南，这也是古代帝王宝座的专用方位。左边坐着师傅，师傅南边还有伴读。他的弟弟溥杰、族侄毓崇都曾做过伴读。伴读在当时是一项"美差"，不仅每月可以领到折合八十两银子的酬劳，还可享受"紫禁城内骑马"的待遇。

溥仪在《我的前半生》中回忆了他在毓庆宫中的学习生活。以民国十年（1921）十一月二十七日为例，溥仪的日程安排如下：

凌晨四点起床，书写大"福"字十八张。上午八时开始上课，与溥杰、毓崇共同学习《论语》《周礼》《礼记》和唐诗，听陈宝琛讲《通鉴辑览》。九时三十分进完早膳，读《左传》《穀梁传》，听朱益藩讲《大学衍义》，书写仿对对联。十一时，上午的功课完成。下午一时至三时为英文学习时间，但当天庄士敦因感冒未到。于是溥仪回到养心殿，书写"福""寿"字三十张，然后阅读报刊。四时用晚餐；六时就寝，睡前饶有兴致地读《古文观止》。

为溥仪讲学的师傅都是当世名家。溥仪的汉文老师就有陆润庠、陈宝琛、徐坊、朱益藩、梁鼎芬等多位大儒，满文老师是翻译进士出身的翰林伊克坦，英国人庄士敦则为小皇帝讲授英文。这些老师中，溥仪认为对自己影响最大的是庄士敦。用庄士敦的话说，他们两人从一开始就建立了一种"和谐而友好"的关系，"相处日久，这种关系也逐渐深厚"。

庄士敦毕业于爱丁堡大学和牛津大学，交游广泛，在他身上，久居深宫的溥仪领略到了世界之广大。他虽然没有系统学习过数理化等西方科学知识，在英文阅读方面，也只读过《爱丽思漫游奇境记》、译成英文的"四书"等有限的外文书，但在庄士敦眼中，这位中国小皇帝对新知识充满渴求。他在《外国人眼中的中国人：溥仪》一书中回忆，溥仪在上英文课时，很喜欢听他讲世界局势、各国地理和旅行见闻，对各种物理学、政治学知识和英国宪法史也很感兴趣，因此英文也是溥仪学得最好的一门功课。

在毓庆宫学习期间，溥仪还留下了大量手迹和漫画作品，这些即兴创作有时是一段奇闻轶事，有时是一个有趣的小故事，有时则是宫廷生活中的小插曲。小皇帝会把作品送给亲近的大臣，庄士敦就收藏了多幅溥仪的漫画。

"数学学霸"康熙帝

严格的皇家教育制度保证了清代宗室的教育水准。清代帝王多饱学之士，其中以圣祖康熙帝为最。除了接受传统教育，八岁登基的康熙帝对西方科学尤其是数学很感兴趣。他以多位来华传教士为师，从欧几里得定律证明到立体几何求解，从平方到开方，从绘图到计算，无不精通。不仅如此，康熙帝还亲自撰写数学论文，表达科学观点，是一位名副其实的"数学学霸"。

比利时传教士南怀仁是康熙帝的第一位西洋教师。自康熙八年（1669）起，南怀仁便开始教授康熙帝数学。康熙帝曾连续五个月每天召南怀仁进宫，让他在养心殿专门教授数学课程。据南怀仁回忆，康熙帝对算术尤为精通，经常长时间练习使用各种不同的比例尺，还时常挑战高难度习题，比如求平方根和立方根、求算术级数和几何级数等。康熙帝听闻，欧几里得编纂的著作包含了数学学科最主要的基础原理，便要求南怀仁讲解中文版《欧几里得几何学》，从第一个命题一直讲到最后一个命题。掌握了欧几里得几何学原理后，南怀仁还为他讲解了平面三角形、球面三角形的数学分析。南怀仁认为，康熙帝在学习数学时，获得了最大程度的乐趣。

自康熙二十八年（1689）起，法国传教士白晋、张诚，比利时传教士安多开始频繁出入宫中，为康熙帝讲授数学。康熙帝还指定了两位擅长满语和汉语的官员协助传教士准备进讲的文稿，并请专人誊写备好的讲稿。他在乾清宫附近选了一间专门的教室，每天都要花上两三个小时，请各位传教士授课。课后，他还要把讲稿留在身边，闲时反复揣摩。每当遇到较难的证明题，康熙帝便会向几位传教士轮番请教解法。除了算数和几何证明题，康熙帝还对仪器的用法颇感兴趣，很快掌握了比例规的全部操作法和其他主要数学仪器的用法，对几何学和算术应用法也颇为精通。

《张诚日记》中有大量关于康熙帝数学课业的记录。这位传教士在

《康熙皇帝读书像》

● 乾清宫

康熙二十九年（1690）为当朝皇帝长期讲授欧几里得定律、巴蒂❶定律。通过长时间反复讲授，康熙帝不仅透彻理解了定律原理，还能对比出两大定律的区别。

  为方便学习，康熙帝甚至下旨制作了一张专用炕桌。这张专门定制的"学习桌"长96厘米，宽64厘米，高32厘米，楠木质地。桌面嵌有三块银板，中间的银板为正方形，表面光滑，为书写、绘图所用的垫板。左边的银板为长方形，中间刻有五条通长射线，为开平方、求圆半径的比例尺，射线端部还刻有"开平方""求圆半径"字样；射线两侧分别有求面积比的"相比例面表"，查询平方、平方根结果的"开平方面表"和查询尺寸的分厘尺寸表。右边的长方形银板中间亦有五条通长射线，为开立方、求球半径、测米堆的比例尺，射线端部还有"开立方""求球半径，又测米堆"字样；射线两侧分别有查询立方、立方根结果的"开立方

---

❶ 巴蒂（Ignace Gaston Pardies），法国耶稣会数学家。——编注

体表"，求体积比的"相比例体表"和金、银、铅等物质的斤两数据。

康熙帝还曾亲自撰写论文《三角形推算法论》。在这篇六百余字的论文中，康熙帝表达了自己对推算法的理解："古人以圆容众角，众角容方，自方而三角"，认为圆、方、角之间存在推算关系。他谈及自己学习西学的原因："举朝无有知历者，朕目睹其事，心中痛恨"，这也激起了他由数学入门、学习历法的决心。他还提出"西学中源"的观点："历原出自中国，传及于极西，西人守之不失……非有他术也"，认为西方的历法源自中国。

这篇论文对宫中没有数学基础的官员来说宛若"天书"。于是，康熙帝又亲自演示了数学推算法的魅力：他将米粒堆放在案上，通过测量其围长和高度，推算其体积；随后又推算了不同体积的铜斗可装载的米粒量，并亲自用铜斗盛米予以验证。

康熙帝以一国之尊的身份亲躬学术，表现出对逻辑和理性的尊崇和求实求新的精神，这在古今中外的帝王中实属罕见。在他的推动下，以数学为代表的自然科学通过传教士进入紫禁城，成为东西方科技文化交流的见证。

◆ 康熙帝御制角尺

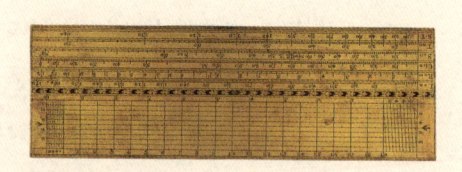

◆ 铜镀金综合算尺

◆ 几何多面体模型

◆ 铜镀金盘式手摇计算机

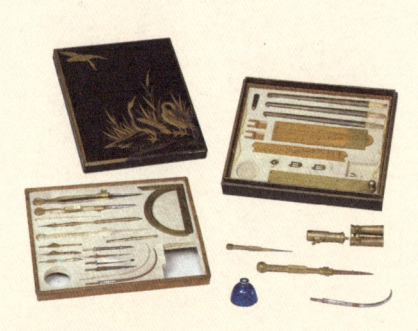

◆ 黑漆盒绘图仪器尺

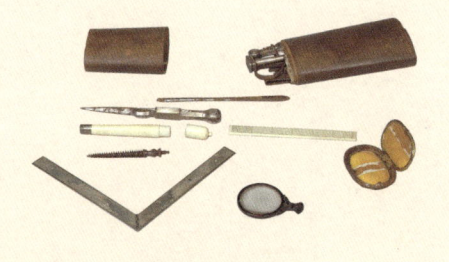

◆ 木盒套十五件绘图仪器

三 · 宫中如何防暑

炎炎夏日,古人如何防暑?古代有没有类似空调房和冰箱的设备?答案是肯定的。六百余岁的紫禁城中,有夏天藏冰的冰窖、制冷效果极佳的冰箱;在历史上,住在宫里的人还能享受到清凉可口的冰镇美食。

故宫的冰窖能藏多少块冰

古人藏冰,一般是头年冬季从河湖中取冰块,藏于冰窖之中,以备来年使用。《诗经·七月》中云:"二之日凿冰冲冲,三之日纳于凌阴。"凌阴即冰窖。至少从周朝时起,古人就有凿河采冰、冰窖藏冰的做法。

紫禁城里也有藏冰用的冰窖。据《大清会典》记载,紫禁城历史上曾有五座冰窖,可藏冰两万五千块。今天的故宫博物院内存有冰窖四座,坐落在隆宗门外西南约一百米处,外表都是硬山屋顶、灰瓦面的样式,形制完全相同。冰窖内部为半地下结构,室内向地下延伸两米,内部空间不大,约莫六十多平方米。冰窖的地面铺满大块条石,一角留有沟眼,融化的冰水可由此流入暗沟,通过附近的旱井排出室外。冰窖四面无窗,墙体都是两米厚的石墙,房顶做成拱券顶棚的样式,以便更好地保持低温。我们今天看到的冰窖已被改造成了餐厅,临时增设了楼板及支撑楼板的木柱,将内部空间分为上、下两部分,但冰窖内部的原始空间并未受到扰动。

目前,关于紫禁城冰窖的建造档案并不多见,但同为皇家建筑的畅春园冰窖却有详细的档案记载。畅春园冰窖建造于康熙年间,共四排二十四间,结构与紫禁城冰窖极为相似,可藏冰三万块。研究发现,这些皇家冰窖最特殊的构造是采用了豆渣石铺墁台阶和地面。豆渣石就是

● 故宫冰窖外景

● 冰窖餐厅楼板以上空间

我们今天俗称的麦饭石。当冰水融化，流至台阶和地面，豆渣石可起到净化水质的作用，得到富含矿物质的优质冰水。

紫禁城冰窖中的冰从哪里来呢？古代冰窖里的冰均采自天然，史书中称之为"打冰"。古人一般会在"三九"时打冰，因为此时天气最冷，冰冻得最坚硬。打冰一般会在夜间进行，皇家派专人到紫禁城周围的河湖上取冰，挑选那些"明净坚厚"的部位，凿成五寸见方的冰块。冰窖的南北墙上有豨门，制备好冰块后，开豨门将冰运进城中。

运到冰窖里的冰要等到第二年夏天才会被取出。皇家有在立夏日给文武大臣赐冰消暑的传统。自暑伏日起直至立秋，各衙门按等级大小都有冰块的份例，由工部统一颁给冰票，按需自行支领。

如此大量的冰块从头年冬天入藏，直至第二年夏季才取出使用，期间冰块会不会融化？事实上，古人早已考虑到这个问题。存放期间，大约有三分之二的冰块会融化，所以在采冰时，有"三其凌"的说法，也就是需要工匠们备足所需用量三倍的冰量，以防冰块融化损耗。

紫禁城的冰箱

除了冰窖，故宫里有没有冰箱呢？答案是肯定的。与现代冰箱不同，故宫里的古代冰箱不仅制冷效果好，而且绿色环保、无噪音污染，既可以冷冻食物、冰镇饮料，又可以起到像空调一样降温制冷的作用。

故宫里的冰箱源于冰鉴。"鉴"是盒子，"冰鉴"即放冰的盒子。据《周礼》记载，早在周朝时期就有冰鉴，用于盛放祭祀用的牲肉和美味的食物，也用来冰镇美酒。故宫博物院藏有一只乾隆御制款掐丝珐琅冰箱，由箱体与底座两部分组成，箱体为木质胎底，内嵌一层铅皮，外表

◉ 大清乾隆御制款掐丝珐琅冰箱盖板侧面题款

◉ 大清乾隆御制款掐丝珐琅冰箱

◉ 大清乾隆御制款掐丝珐琅冰箱底座

面采用掐丝珐琅工艺。箱体高45厘米，上下均为正方形平面，上外口边长72.5厘米，下外口边长约63厘米，壁厚约3厘米，呈口大底小的的斗形。虽然外观不大，但这只冰箱足有102千克，不易搬动。箱体的盖面上有两个铜钱形状的圆孔。箱盖边缘饰以鎏金，阳刻楷书"大清乾隆御制"六字款。箱体底部一角有个小圆孔，是冰融化时的排水孔。箱体两边各有两只提环，做成双龙戏珠造型，既美观又坚固。箱体五面为缠枝宝相花纹，底部为冰梅纹饰，工艺细致，色彩艳丽。箱座为红木质，高31厘米，重21千克，四角包镶掐丝珐琅，并饰以兽面纹，造型与工艺同样别致精细，与箱体浑然一体。

这只冰箱内部设有架空搁板，搁板上可放西瓜、荔枝、葡萄等时令水果，下部放冰块，盖上面板，再在箱座架内放入接水盆，保证位置与冰箱底部的出水口对应。当冰箱内的冰块融化，产生的凉气会由面板上的钱纹孔扩散开来，既可冷藏食物，又可起到室内降温的作用。设计者特意留出了厚厚的箱壁，能延缓冰块的融化速度；铅的防水、防腐性能极佳，也有利于冰箱的长期使用。

明清宫廷中还有琉璃冰箱和柏木冰箱。笔者曾见过一只明万历年间的蓝琉璃釉竹节方冰箱。这只冰箱约60厘米见方，呈上大下小的斗形，壁厚约3厘米，周圈中部及下部各有一道装饰箍。盖板厚约5厘米，板上有四个铜钱状的开孔，用于排冷气。冰箱底部有排水的圆孔。使用时，只需将冰块放入箱内，盖上盖板。冰块在其中慢慢融化，冷气由盖板的开孔逐渐散发出来，冰融化后的水就从底部的孔中排出。这种冰箱一般用来给室内降温。

故宫博物院中还藏有一只柏木冰箱。这只冰箱呈上大下小的斗形，约90厘米见方，内壁四周包镶着一层铅皮。冰箱底板正中有小孔，中间设架空搁板一层，

◉ 明万历蓝琉璃釉竹节方冰箱

◉ 柏木冰箱

顶部有盖板，盖板上有铜钱纹的通气孔。这只柏木冰箱木质厚实，遇水不易烂，也不易发黑，还散发出一种安神补心的香气。

皇家冰棍的配方

明清时期的北京城中，民间早有"冰胡儿""酸梅汤""雪花酪"等冰镇消暑的美食。故宫中有当时京城最大规模的冰窖，紫禁城里的消夏冰食也有繁多的花样。

明代刘若愚在《酌中志》记载了一种叫"冰水酪"的消夏美食。明代宫廷的食品制作方法高度保密，很多已经失传。从名字来看，这种冰水酪的主要食材似乎是牛奶和冰，类似于今天的奶油冰棍或牛奶刨冰。

清代多位皇帝的御制诗中，都曾提到多种多样的消暑冰食。如嘉庆帝在诗中提到过一种叫"冰椀"的小食："冰椀浮瓜美，欣看绛实香。翻匙流素雪，溅齿迸银霜。"冰椀也叫"冰果"，做法十分简单，即在盘中堆满冰块，再把瓜果、莲藕、菱角等各色时令鲜果堆放其上。道光帝提到过宫里的冰镇酸梅汤酸甜解渴："冰壶荡漾移，甘酸真止渴。"

侍奉慈禧太后的宫女何荣儿对宫中精致的消夏冰食"甜碗子"念念不忘。甜碗子源于冰椀，种类十分丰富，包括甜瓜果藕、百合莲子、杏仁豆腐、桂圆洋粉、葡萄干、鲜胡桃、怀山药、枣泥糕等，做法也相当讲究。例如"甜瓜果藕"的做法：把新采的果藕嫩芽切成薄片，甜瓜去籽留瓤，和果藕配在一起，冰镇后即可食用。再如"葡汁鲜桃"，主要食材是葡萄干、鲜胡桃。具体做法是把无核葡萄干先用蜜浸了，选南方进来的青胡桃砸开，剥去内里带涩味的一层嫩皮，浇上葡萄汁，冰镇后食用。慈禧太后还特别喜欢杏仁豆腐。正宗的杏仁豆腐，要将甜杏仁和苦杏仁按照九比一的比例混在一起，去皮加水，磨成浆水状，去渣之后

> 盛後即設席賞芍藥花也初八日進不落夾用葦葉方包糯米長可三四寸濶一寸味與糉同也是月也嘗櫻桃以為此歲諸果新味之始吃筍雞吃白煮豬肉以為冬不白煮夏不爁也又以各樣精肥肉薑蒜剉如豆大拌飯以萵苣大葉裹食之名曰包兒飯造甜醬豆豉初旬以至下旬奧西山香山碧雲寺等奧西直門外之高梁橋涿州娘娘馬駒橋娘娘西頂娘娘進香二十八日藥王廟進香吃白酒冰水酪取新麥穗煮熟剉去芒發磨成細條食之名曰稔轉以嘗此歲五穀新味之始也
>
> ——《酌中志》卷之二十，海山仙館叢書

● 《酌中志》中关于冰水酪的记载

加入糖和牛奶熬煮，冷却放凉后，还要在碗中加入冰糖水，浇上糖桂花、青梅丁、葡萄干或枸杞做点缀，入口即化，暑气顿消。这些甜碗子不仅清凉消暑，而且赏心悦目，"精美极了"。

四 · 宫中驱蚊有妙招

炎炎夏日，除了高温，还免不了蚊虫之害。即使贵为天子，也难逃蚊虫的"骚扰"。梁元帝的《金楼子》中记载过一件事：春秋时期，齐桓公常在"翠纱之帱"中躲蚊子。堂堂"春秋五霸"之一，也会被小小的蚊子叮到蚊帐里去。到了明清时期，紫禁城中的人们更想出了各种各样的"驱蚊大法"。

紫禁城中的"特大蚊帐"

较之齐桓公的"翠纱之帱"，紫禁城中不仅有"蚊帱""蚊幌"，还有一种"特大蚊帐"，名唤"天棚"。何荣儿在《宫女谈往录》中记载过天棚的制作方法：以颐和园乐寿堂的天棚为例，这架天棚以杉槁为骨架，支撑起巨大空间，骨架之间用帷帐相连，足以罩住整座建筑。天棚的外

● 长春宫及庭院天棚烫样

观被设计成飞檐鸱尾的样式，十分雅致。

天棚最大的好处是搭设得严丝合缝，将天棚与乐寿堂之间的缝隙全部牢牢堵死，连一只蚊虫也飞不进。天棚内设窗纱，四面窗户均可通风。据何荣儿回忆，每年自五月初到八月底，慈禧太后的日常起居都离不开天棚。如今，故宫博物院收藏的长春宫烫样❶，还保留了天棚的样式。

熏香与避暑香珠

天棚虽好，搭建起来却是费时费工，紫禁城中最主要的驱蚊方法是熏香。熏香之法源远流长，可追溯至周代。据《周礼疏》记载："翦氏掌除蠹物，以攻禜攻之，以莽草熏之。"当时焚香多用莽草。后来，艾草、苍术、藜芦末、干浮萍和雄黄也可用来烧烟驱蚊。

紫禁城中用到的避蚊香薰却有不一样的配方，以珍贵的龙挂香为主。龙挂香又名"垂恩香"，有黄、黑两种，黑色的为内府佳品，价格高昂，广受追捧。明末周嘉胄《香乘》一书中记载了龙挂香的配方：

> 檀香六两、沉香二两、速香六两、丁香一两、黑香三两、黄胭二两、乳香一两、木香一两、山柰五两、郎苔五钱、麝香一钱、苏合五钱、片脑五分、硝二钱、炭末四两。

如今，我们用科学的眼光去分析这种配方，不难发现其中的硝和炭

---

❶ 烫样是指古建筑的立体模型。皇帝批准建造一座宫殿之前，需要审核它们的实物模型，这种模型一般用纸张、秫秸、油蜡、木头等材料加工而成，可展示出建筑的整体外观、内部构造、装修样式，以便皇帝修改、定夺。

◆ 碧玉透雕云龙纹香筒

◆ 万历款掐丝珐琅角端香熏

末能起到助燃作用，其余香料大都能发出芬芳的香气，对缓解压力、消毒杀菌、促进睡眠有良好效果。

另一种驱蚊"利器"是避暑香珠。这种珠串香气四溢，不仅可驱蚊除秽，还具有醒脾清暑的功效，在宫中广受欢迎。《乾隆三十七年各作成做活计清档》中记载了避暑香珠的十八种成分："香薷一两、甘菊花二两、川连五钱、连翘一两、蔓荆子一两、白芷七钱、黄柏五钱、朱砂五钱、雄黄五钱、白及一两、檀香一两、花蕊石一两、川芎一两、寒水石一两、梅花片一两、苏合油一钱、巴尔撒木油一钱、玫瑰花一两。"

● 杏黄色缂丝荷莲纹香袋

匠人将上述药物混合研磨成细末，掺入之前用过的药汁搅拌均匀，凝结后制成手串。如果药汁不足，还可加入鸡蛋清调和。配方中的檀香、苏合油、巴尔撒木油、玫瑰花、蔓荆子气味馨香，香薷、川连、甘菊花、川芎、寒水石、梅花片、白芷、雄黄清热祛暑，白芷、雄黄、朱砂、白及、连翘、花蕊石、黄柏可以解毒，这些药物配在一起，既可驱蚊解暑，又有暗香扑鼻。

五 • 国礼竟是"痒痒挠"？

故宫博物院中藏有大量珍宝，其中包括两千多柄明清时期的如意。这些如意的材质多种多样，有玉石、竹木、金属、牙骨、陶瓷等多种质地，贵重精美，工艺精湛，是清代的"国礼"之一。

如意的前世是"痒痒挠"

早在战国时期就有如意，但很多人不知道，如意竟然是由"痒痒挠"演变而来。南宋吴曾《能改斋漫录》中曾记述如意的由来："如意者，古之爪杖也。或骨、角、竹、木削作人手指，爪柄可长三尺许，或脊有痒，手所不到，用以搔抓，如人之意。"古代的"爪杖"类似于现代的痒痒挠，其端部被做成手指形，以示手不能至，搔之可如人意。唐人冯贽的《云仙散录》中，尚有"虞世南以犀如意爬痒久之"的记载，说明至少在初唐时期，如意还是人们日常生活中离不开的搔痒小工具。

魏晋以来，如意逐渐衍生出"痒痒挠"之外的文化功能。魏晋六朝之后，如意作为重要礼器，开始频繁出现在各种礼制活动场合。唐代的视学仪[1]中，便有执如意的学官随侍在侧。在视学、祭孔的过程中，国子监祭酒、司业或硕学博士担任侍讲，在讲经论义、解答疑难时也需手执如意。在佛教、道教中，如意也逐渐成为重要法器。佛家把如意看作"心"的象征，常执于菩萨或罗汉之手。据北宋释道诚《释氏要览》记载："如意之制，盖心之表也。故菩萨皆执之，状如云叶，又如此方篆书心字故。若局于爪杖者，只如文殊亦执之，岂欲搔痒也。"可见佛家将如

---

[1] 视学仪是中国古代皇帝诣太学释祭孔子并讲学之礼。

● 嘉庆刻诗青玉太平有象如意

● 金累丝嵌松石如意

意看作神圣法器,是与其形制有关。在隋唐以后的各种道教传说中,如意也是具有神奇法力的"法器"。如在成书于明代的《封神演义》中,元始天尊的重要法宝叫"三宝玉如意",金灵圣母的法器是"龙虎如意"。清代类书《格致镜原》中记载了一桩异事,将如意的法力说得神乎其神:"忽遇一道士,遗以一物,谓之'如意',曰:'……凡心有所欲,一举之,顷即如意,虽冬雷夏雪、起死延年,皆可得之。'"到明清时期,在政治、文化、宗教等多种因素共同作用下,如意已由最初的实用器发展为宫中重要的吉物和礼品,承载着皇家消灾驱邪、迎祥纳福的愿望。

最受欢迎的"国礼"

"吉祥如意"的彩头,使得如意成为最受欢迎的"国礼"之一。皇帝犒赏臣下、臣下进献贺礼,礼单中如意出现的频次极高。这也是如今故宫博物院中珍藏着大量珍品如意的原因。比如,清代一品大臣过整十数

◆ 金累丝万年如意

生辰时，皇帝会赏赐大臣各种礼物，其中就包括如意。嘉庆元年（1796）正月，已经退位的太上皇乾隆帝在皇极殿举行千叟宴，赐给五千余名赴宴人员的礼物清单中，也包含了如意。故宫博物院现藏有六十柄金累丝万年如意，是乾隆帝六十岁寿辰时，大臣们集资，耗费一千三百六十一两黄金打造而成。各如意头正面分别嵌有"甲子""乙丑"等干支纪年字样，与六十一甲子相符，贵重非常。另据王无生《述庵秘录》记载，即使在国库空虚的晚清，每逢慈禧太后和光绪帝寿辰，如意也是王公大臣的必进之物。

如意更是清代"国礼"不可或缺的组成部分。清代皇帝接见国外使臣时，往往要赏赐国王如意，表达两国友好往来、国泰民安的意头。比如乾隆帝就曾先后给遣使来朝的朝鲜国王、安南（越南）国王、琉球王、暹罗（泰国）国王、南掌（老挝）国王、缅甸国王、西洋英咭唎（英国）国王送过玉如意，在很多国家的礼单上，玉如意都排在第一位。

乾隆五十七年（1792），乔治·马戛尔尼率领英国访华使团到热河为乾隆帝祝寿。随团副使乔治·伦纳德·斯当东在《英使谒见乾隆纪实》中记录了祝寿时的情景："皇帝诞辰在9月17日，许多外国使节和属国君主都云集热河准备祝寿。皇帝陛下指定9月14日接见英国使节。"在乾隆帝接见英国使臣当天，"皇帝同特使稍微交谈数语，以后取出一块玉石作为赠送英王的第一件礼物。中国人非常重视这种东西。这块玉约有一尺长，弯成节杖的形状，据说象征兴旺和平。在中国每个宫殿的御座旁边都放有这样一块宝石。"这种在斯当东眼里象征兴旺和平的"宝石"就是玉如意。嘉庆二十一年（1816），阿美士德率英国使团来华，嘉庆帝赏赐英国国王的第一件礼物也是如意。

六 · 皇家地暖冬不寒

明清时期正处于我国历史上第四个寒冷期，史称"明清小冰期"，一年中约有一百五十日属于冬天，最冷时气温可达零下三十摄氏度。民间有这样一种说法，皇帝冬天也要烧炭取暖，但偌大的紫禁城中却很难找到烟囱，这又是为什么呢？

为什么紫禁城中少见烟囱

其实，紫禁城中并非没有烟囱，在坤宁宫背面就有一个，那是萨满教祭祀时煮猪肉用的排烟道。但除此之外，紫禁城中的确没有其他烟囱，这是因为明清皇宫冬季用火供暖，供暖设备、排烟设施都埋在地下，是名副其实的"地暖"。即使在极寒季节，故宫宫殿内也十分温暖。据《酌中志》记载，明代皇宫自农历十月起，就开始烧"地炕"。清末徐珂编撰的《清稗类钞》中则记载，清宫"每年十一月初一日，开始烧暖坑，设围炉，旧谓之开炉节"。开炉节揭开了宫中御冬消寒的序幕。

与现代人冬季采用的水地暖或电地暖不同，紫禁城的地暖是烧火供暖，俗称"火地"或"暖地"。

所谓"火地"，主要由位于窗户外面的地下操作口、窗户里面的地下炉腔、室内地砖下面的火道和室外台基侧面的出烟口组成。供暖时，需要一位太监站在操作口内，往地下的炉腔里加木炭。炉腔和操作口之间有一个由铁篦子和炉门组成的送炭口。铁篦子用来支撑墙体，也防止无关的人由送炭口进入地道。负责烧炭的太监站在操作口内，可以隔着窗户观察室内情况，及时增减炭火。烧热的空气沿着火道向四周扩散，就能使地砖变热，起到给室内保温的作用。

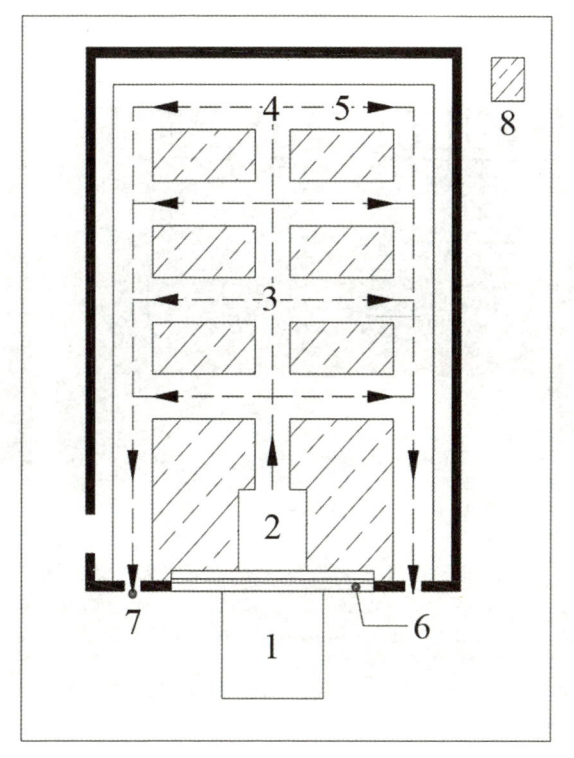

● 火地平面示意图
（1-室外操作口；2-地下炉腔即火源；3、4、5-火道，虚线箭头为热量在地下的传递方向；6-窗户；7-出烟口；8-夯土示意图）

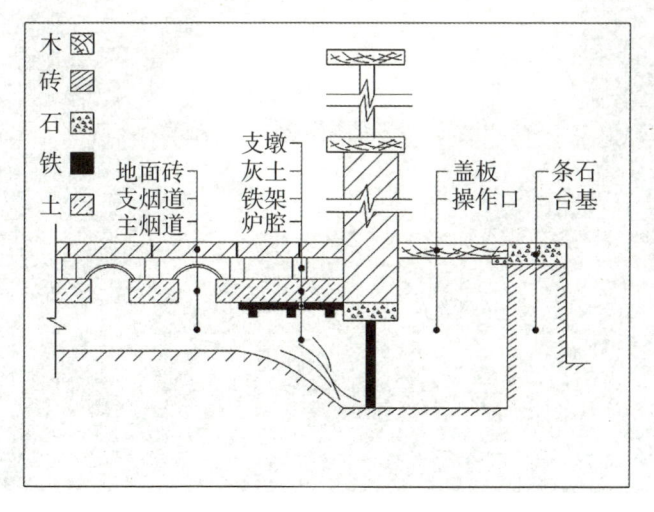

● 火地在1-4方向剖面示意图

● 火地操作口与出烟口

● 主烟道和支烟道

"火地"的烟道也叫"蜈蚣道",因为传热的烟道由主、支两种线路组成,四通八达,形如蜈蚣,所以得了这样一个"诨名"。"火地"的火源位置一般都在房间的最低处,这样的安排也是有科学道理的:因为热量的传导一般是由下往上走,所以主烟道从火源位置向房间分布时,也是一条暗暗上升的斜坡,这样一来,热气就能迅速向远处扩散,很快将整个房间烧热。主烟道截面的尺寸较大,上面往往会盖一层地砖;支烟道的截面较小,会在上面扣一层瓦。"火地"的设计者在主烟道的地砖上、支烟道的瓦上还架空铺了一层地面砖,这样热气就能更迅速地从地下传导到地上,让房间快速升温。

在房间地下烧炭,该怎么处理排烟问题呢?其实,火源产生的绝大部分热气已经在房间里扩散开了,炭火中的烟尘和残余的热气会沿着出烟口排出火道,不会污染房间。出烟口就相当于紫禁城的"烟囱",通过室外的台基来排烟,不会影响到建筑整体的外观。为了避免小动物从出烟口钻到房间里,工匠们往往还会在出烟口砌上铜钱纹样的镂空砖雕,既实用又美观。这就是紫禁城冬天烧炭取暖,却少见烟囱的原因。

"火地"烧得热,皇帝也喜欢在有火地的宫里"猫冬"。道光帝曾作诗夸赞火地精巧的设计:"花砖细布擅奇工,暗热松枝地底烘。静坐只疑春煦青,闭眼常觉体冲融。"宫女何荣儿回忆在宫里度过的冬天:"数千间的房子都没烟囱。宫里怕失火,不烧煤更不许烧劈柴,全部烧炭。宫殿建筑都是悬空的,像现在的楼房有地下室一样。冬天用铁制的辘辘车(铁火车),烧好了的炭,推进地下室取暖,人在屋子里像在暖炕上一样。"

什么人才能用上红箩炭

紫禁城靠"火地"烧炭取暖，烧的是什么炭呢？当时炭的价格高昂，宫中常用的火炭有银炭、黑炭、红箩炭等，其中以红箩炭最为名贵。

"地炉榾柮拨温麿，白灰红炭堪为友"，乾隆帝《拨火谣》诗中的"红炭"就是红箩炭。《酌中志》中记载了红箩炭的来源："凡宫中所用红箩炭者，皆易州一带山中硬木烧成，运至红箩厂，按尺寸锯截，编小圆荆筐，用红土刷筐而盛之，故名曰'红箩炭'也。每根长尺许，圆经二三寸不等，气暖而耐久，灰白而不爆。"红箩炭产于河北省易县，由山中硬木烧制而成。之所以名为"红箩炭"，是因为这种炭是被装入刷有红土浆的箩筐内，送到红箩厂❶的。在红箩厂，这些炭会被加工成一尺长的小段。红箩炭质地极佳，燃烧时不会爆裂，而且热量高，烟雾少，燃烧时间长，还有淡淡的香气，堪称炭中"极品"。

由于红箩炭产量稀少，宫里也不是所有人都能用上这样名贵的炭火。不同身份的宫人用量都有明确的规定。据《国朝宫史》记载，冬季皇太后的红箩炭供应量是每日40斤，皇后为每日20斤，以下按位份依次是皇贵妃15斤，贵妃15斤，妃10斤，嫔8斤，贵人5斤，皇子、公主5斤，皇子福晋10斤，不够的部分只能用黑炭等补齐。至于位份较低的常在、答应以及皇子侧福晋日常都没有红箩炭的份例，只能烧黑炭取暖。

红箩炭到底有多名贵？为什么即使贵为皇妃，每日也无法完全享受红箩炭的待遇？以乾隆元年（1736）的物价为例，当时每斤煤售价二厘七丝白银（约0.002两），每斤红箩炭的售价是一分六毫白银（约0.01两），超过煤价的五倍。一两库银在当时可以买到一石左右的大米，一

---

❶ 位于今北京市西城区大红罗厂街附近。

斤红箩炭几乎与一斤多大米等价。皇太后冬日一天的红箩炭开销，就相当于四十余斤大米的价格。再加上大大小小的妃嫔和皇子、公主，紫禁城中红箩炭的日常开销已经是一笔极大的开支。

这样名贵的红箩炭，当然要"吃干榨尽"，烧完的炭灰也会被宫人们悉心收集起来，垫在马桶、便盆中。这些细腻的炭灰另有妙用——做了皇室的"除臭剂"。

皇宫里有"火墙"和火炕吗

坊间流传着一种传说：皇宫里的墙壁其实都是空心的"夹墙"，俗称"火墙"。这种说法认为，皇帝办公的三大殿、养心殿和部分寝宫的墙壁都是空心的，宫殿地砖下面也有纵横相通的火道，直通向殿外的地炉子，冬日里，宫中就靠这种"火墙"取暖。

实际上，这种说法是错误的。目前，故宫的古建墙体中并没有发现所谓的"夹墙"。从宫内古建筑的墙体断面看，故宫的墙体都是实心砌筑的。"火地"主要分布在内廷区域，前朝三大殿既没有"火墙"，也没有"火地"。

● 张鸣岐款铜手炉

◉ 掐丝珐琅三足炭盆

◉ 红铜錾刻福寿纹提梁手炉

◉ 黑漆描金开光山水图手炉

那么皇帝在前朝办公时，主要靠什么取暖呢？皇帝在冬季举行重要活动时，三大殿内主要靠炭盆取暖。比如冬季在太和殿举行廷试，就要在殿内预备火盆。

那宫中真有清宫剧中常出现的暖阁和火炕吗？这倒是有的，而且都与"火地"密切相关。所谓暖阁，就是在有火地的宫殿里，用木隔断将火地区域与其他区域隔开，隔出一块比较密闭的小空间，保持房间一直处于恒定的温暖状态。影视剧中常见的"东暖阁"，就在内廷区坤宁宫最东边的两间房里。这里在明代是皇后的寝宫，清代被改作皇帝大婚的洞房。

火炕在满族一直很盛行。所谓的清宫火炕是利用火地的热源，在房间靠近窗户的地方安置木制或砖砌的长方台座。清军入关后，满族皇室将火炕大规模搬到了北京紫禁城的内廷建筑中，借着火地的热气，紫禁城成了冬日里"猫冬"的好地方。

◉ 坤宁宫喜房

◉ 坤宁宫喜房内景

◉ 养心殿内的炕

七 • 紫禁城的"防火秘籍"

紫禁城包含古建筑近万间，是世界上现存最大的木结构古代宫殿建筑群。六百余年来，故宫古建筑群曾遭受火灾近六十次。古代工匠长期与火灾作斗争，积累了充满巧思的各色皇家防火"秘籍"。

故宫六百年，一部防火史

木结构建筑群最大的特点是梁、柱、斗拱、梁架等核心受力构件都要用着火点很低的木材制作，这就意味着火灾的隐患极大。紫禁城的历史上曾有过几次大规模火灾，给宫城造成了严重影响。

紫禁城最早的火灾发生在宫城的正门处——位于紫禁城南北轴线的午门附近。

民间有"推出午门斩首"的说法，实际上属于讹传。午门外从来就不是杀头的法场，而是举行皇家重要仪式的场所。例如皇帝率领百官登楼览胜，观赏一年一度元宵灯会的地方。最早的那次火灾，就发生在元宵灯会的现场。

元宵灯会也叫鳌山灯会。鳌山灯是古代最壮观、最绚丽的元宵花灯，由一层层灯盏堆叠而成，组成一座形似巨鳌的灯山。"鳌"在明代以前为龟形，明代起则头尾似龙，身似陆龟。在古代神话中，鳌天生神力，有补天之用，还有戴山的本领。圆背平腹的鳌与古人"天圆地方"的宇宙认知相似，象征着国泰民安。

鳌山灯的规模有多大？据宋人周密《武林旧事》记载：鳌山灯乃琉璃制成，高五丈（约16.7米），存贮在彩楼里；里面的人物造型均内设机关，可以灵活出入；彩楼窗户上有各种故事绘画，彩楼内的龙凤灯还

● 太和门广场前的内金水河

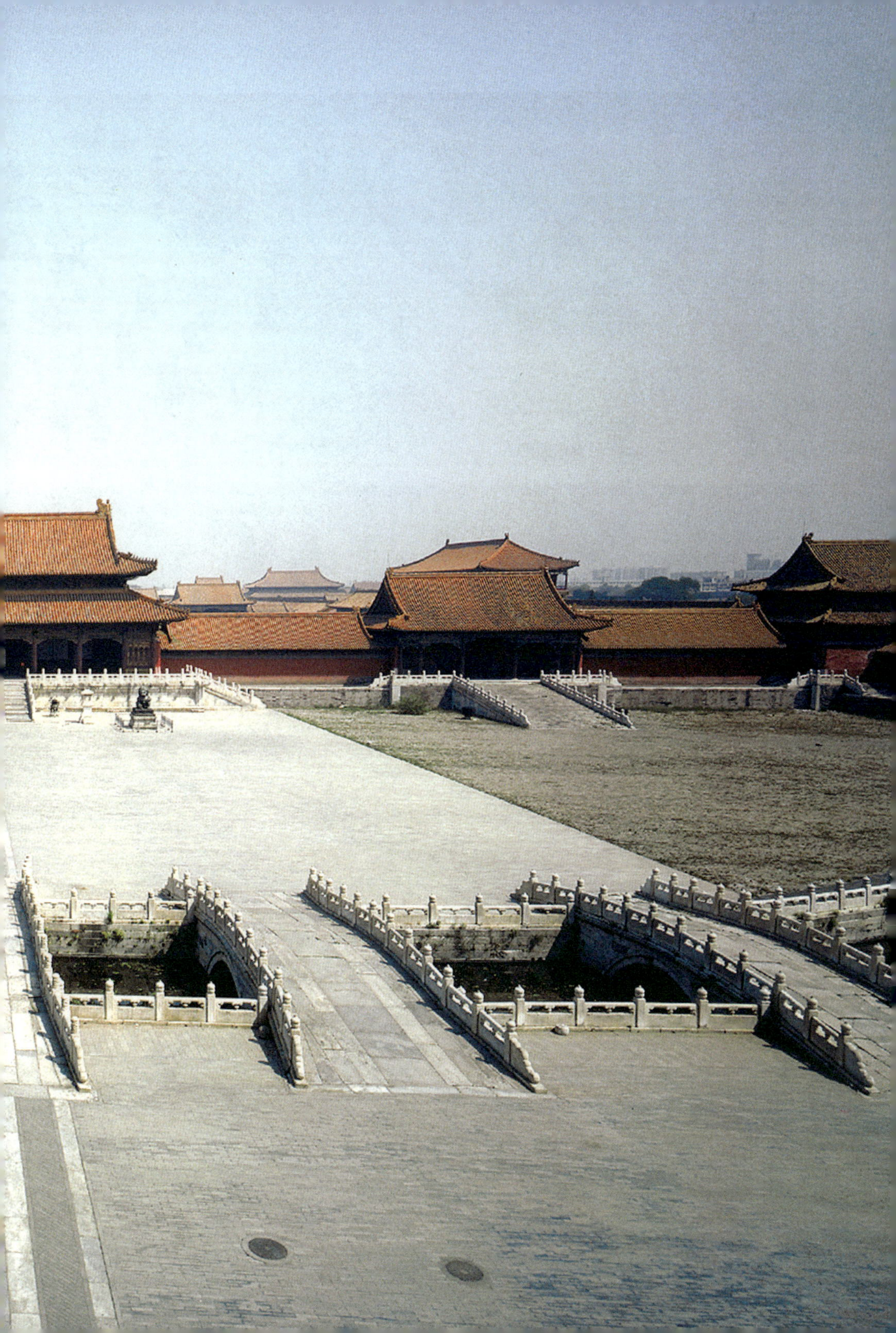

[明]佚名:《明宪宗元宵行乐图》

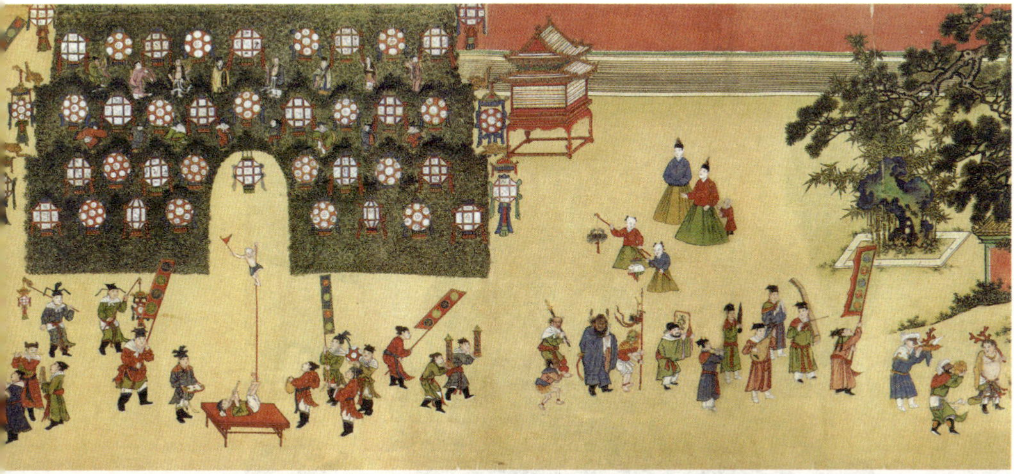

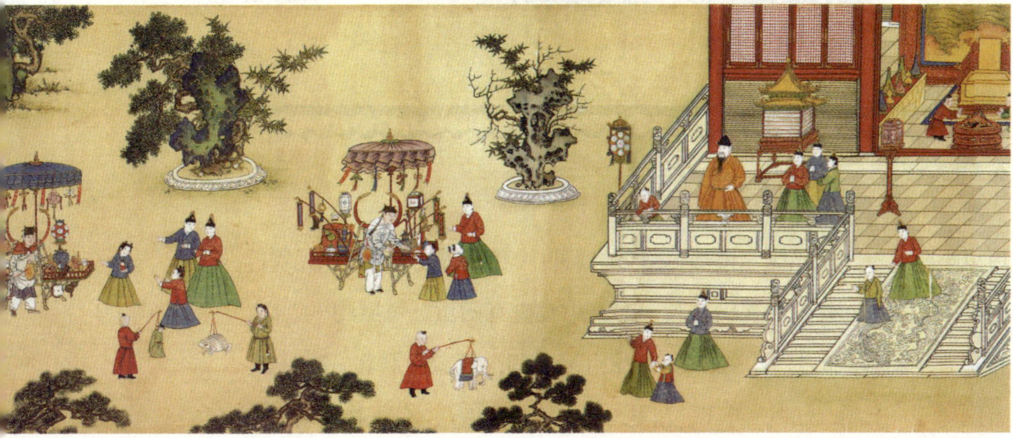

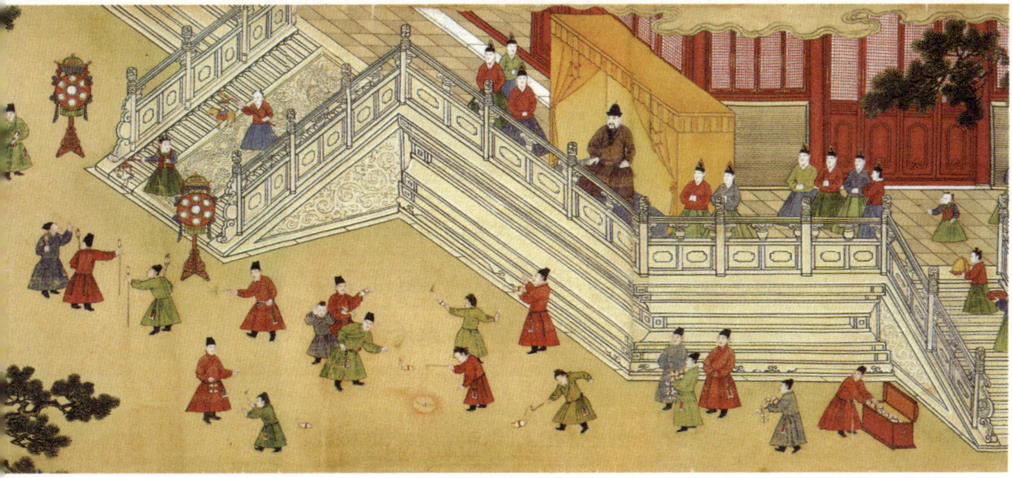

● 太和殿前的鳌

可以不断吐水。中国国家博物馆藏有一幅明代宫廷绘画《明宪宗元宵行乐图》，当中就有一座鳌山。画中的鳌山至少有四层，每层约一人高，布置有不同样式的灯笼。在二至四层灯笼之间，还有吕洞宾、铁拐李、曹国舅等"上洞八仙"，苏飞、左吴、田由等"淮南八公"人物造型，整座鳌山灯集宏伟与豪华于一体。事实上，这可能只是它的局部，明代的鳌山灯最多可达十三层。

然而，壮观的鳌山灯会却埋下了巨大的火灾隐患。永乐十三年（1415）正月十三日晚，午门外的鳌山灯着火，很多人被烧死，包括都督同知马旺。还未竣工的紫禁城就遭遇了严重火灾，仿佛预示了此后的漫长岁月中，"防火"将成为皇家生活的重大考验。尽管当时紫禁城整体建筑群尚未完工，但午门主体结构应该已经建好，永乐帝朱棣或许会率众官员登上午门城楼观赏鳌山灯会。

鳌山灯的火源极多。大量的灯被堆叠在工匠预先搭好的木架上，灯与灯之间通过导管内的引线"火油爆管"连接。波斯使臣火者·盖耶速丁·纳哈昔 ❶ 在《沙哈鲁遣使中国记》中记载了永乐十九年（1421）鳌山灯会的盛景：

> 这是为庆贺"灯节"而搭设的鳌山，鳌山灯火表演可达七天；在午门前有用木头搭成的小山，整个面上覆盖有松柏枝，就像一座绿山，也就是鳌的形状；鳌山上挂着十万盏灯，这些灯用绳子连着；绳子上穿着火油爆管；当一盏灯点燃后，爆管开始沿着绳子滑动，把它接触到的灯点燃，刹那间从山顶到山底灯火通明。

十万盏灯，若其中任何一盏失火，都有可能引发火灾。而在灯会上，除了这座巨大的灯山，还少不了焰火表演。据《明宫史》记载，在寿皇殿安方圆鳌山灯，有高至十三层者。派近侍上灯，钟鼓司作乐，内府供用库备蜡烛，内官监备奇花、火炮、巧线、盒子、火人、火马之类。明代焰火种类繁多，《宛署杂记》中载有各种名目，如有声的"响炮"、高起的"起火"、"起火"中带炮连声的"三级浪"、旋绕地上的"地老鼠"等。更有甚者，有专门的焰火匠人把各式各样的焰火绑在高大的木架子上，焰火间用火药线连接，只要点燃第一支焰火的引线，整架焰火就可自动燃放。不仅如此，明代的焰火匠人还能制作出五彩斑斓的火焰，但这些火焰的配方却都易燃易爆。《墨娥小录》提供了不同火焰颜色的配方，如硝、硫黄、炭、铁屑组合后，可发出黄色火焰；硝、硫黄、炭、铜粉组合后，可发出绿色火焰；硝、滑石、炭组合后，可发出紫色火焰等。

一年一度的元宵灯会可谓皇朝盛事。永乐皇帝曾下令：每年元宵节

---

❶ 纳哈昔曾于永乐十七年（1419）出使明朝，在我国停留了两年十个月零五天。

时，臣民均可到午门观看鳌山灯会，而且可以连看三天。他甚至会亲自登临午门，与民同乐。灯会上，火树银花争奇斗艳，宫娥伴着钟鼓司奏出的音乐翩翩起舞，热闹非凡。明代风俗画《上元灯彩图》描绘的就是这样的盛景。画中绘有一架由太湖石堆叠而成的鳌山灯，以民间故事为主题的各色彩灯点缀其上，周围观灯的百姓将路围得水泄不通。午门火灾发生前，想必就是这样熙熙攘攘的景象。

原本喜庆的节日灯会成为火海，数十条人命的代价是惨痛的，永乐帝对此进行了深刻反省。火灾后第六天，朱棣训诫太子：午门观鳌山灯

● [明]佚名：《上元灯彩图》

火，本是与民同乐的佳话，却因防火不力酿成悲剧，是"为君者失德"而受到的惩戒。

午门火灾只是紫禁城失火的开端。许多人不知道，而今我们看到的三大殿，实际上已经是当年建成时的"缩小版"。三大殿越盖越小也与紫禁城的火灾有关。

永乐十八年（1420）十一月，紫禁城初建完工时，三大殿被命名为奉天殿、华盖殿、谨身殿。三殿均规模庞大，彼此间距仅十米左右。据《大明实录》记载，奉天殿初建完工时长约三十丈，宽约十五丈，约为

● 明佚名《上元灯彩图》中的鳌山灯

现存太和殿建筑面积的两倍。大体量、小间距，导致此后二百余年里，三大殿多次在火灾中相互殃及。

永乐十九年（1421）四月，奉天殿因雷击失火，火势很快蔓延到华盖殿、谨身殿，三殿均被烧毁。正统六年（1441）九月，失火后的三大殿复建完工，这次修复的宫殿体量、间距基本与初建时相同。

嘉靖三十六年（1557）四月，三大殿再次因雷击失火。这一次，有细心的大臣发现，每次失火三大殿同时被毁，与各殿间距过密有关，因而建议缩小三大殿的建筑尺寸，增大间距。然而，这个提议遭到了大学士严嵩的极力反对。据《大明实录》记载，严嵩认为，缩小大殿尺寸和间距需要改动地基，不仅会耗费大量人力、财力，而且短时间内很难完工。因此这项提议最终没有付诸实施。嘉靖四十一年（1562）九月，重建完工的三大殿被嘉靖帝更名，"奉天殿"改作"皇极殿"，"华盖殿"改

◆ 三大殿北侧

◆ 三大殿鸟瞰

● 三大殿侧面

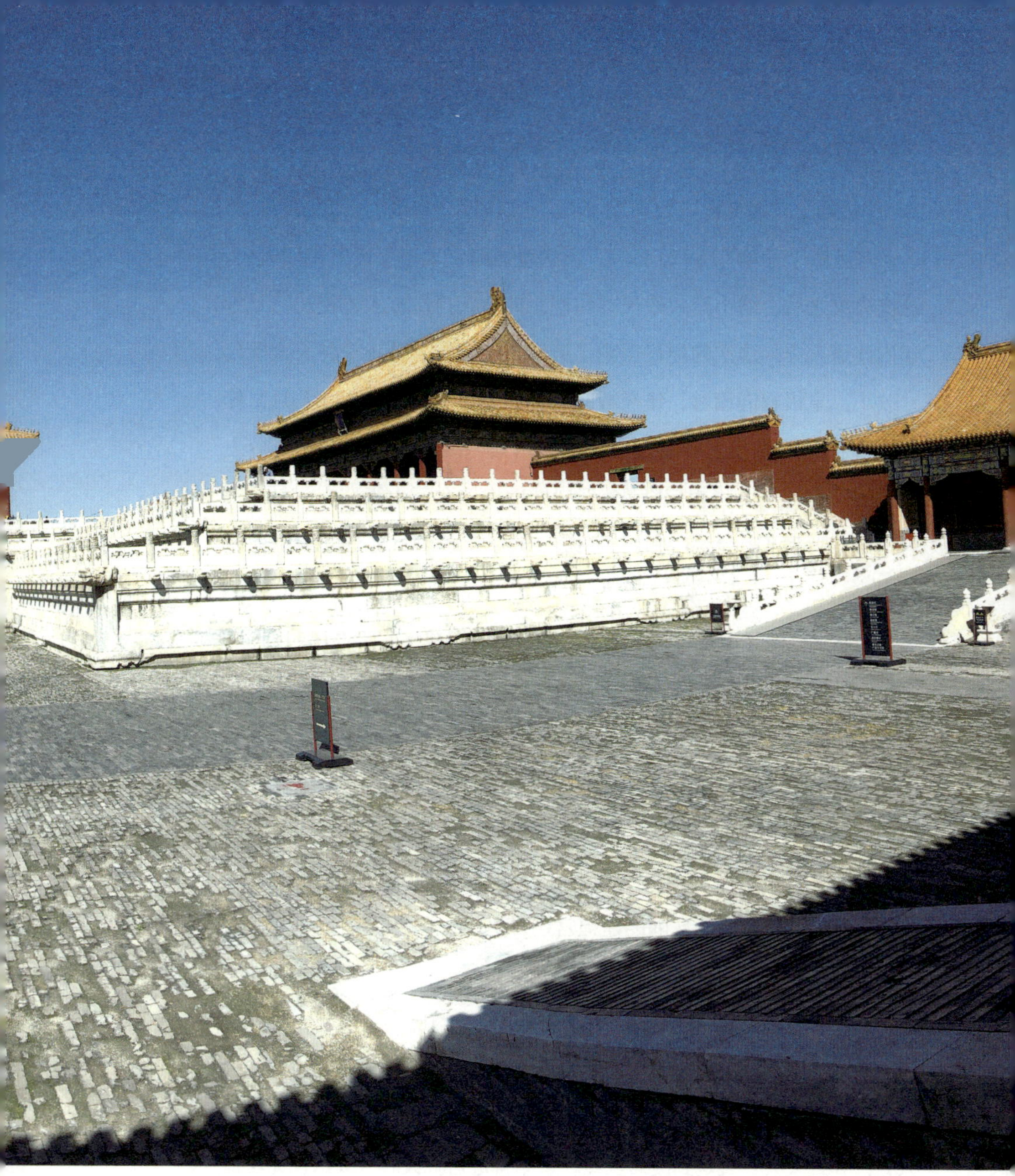

作"中极殿","谨身殿"改作"建极殿",以消除"晦气"。

万历二十五年（1597）六月，再次重建的三大殿又因雷击而失火。这次火灾之后，缩小三大殿尺寸和间距的建议再次被大臣提出。几十年内连遭火灾，这次的提议得到了天启帝的支持。他下令将三大殿尺寸改小，皇极殿向南移、建极殿向北移。天启七年（1627）八月，修改尺寸和间距的三大殿复建完工，建筑面积缩小为初建时的二分之一左右，宫殿高度也相应降低；三殿间距均增至三十米左右，是初建时的三倍。我们今天看到的三大殿，即与天启年间复建的殿阁体量相当。

此后三大殿又遭受过两次火灾。一次是明崇祯十七年（1644）四月李自成纵火，建极殿得以幸存。另一次是清康熙十八年（1679）十二月，六名御膳房烧火太监不慎引发火灾。已更名为太和殿、中和殿、保和殿的三大殿再遭火厄，太和殿被毁，但中和殿、保和殿受损较小。缩减规模和间距对三大殿起到了有效的保护作用，缩小后的三大殿，从此再未因火劫而"一损俱损"。

百年前，紫禁城西北隅的建福宫还发生过一起众说纷纭的纵火案，这就是神秘的"太监盗宝案"。

1923年6月27日凌晨，神武门内中正殿后的佛楼突然起火，很快便波及附近的寿安宫和寿康宫。溥仪第一个发现火情，遂报警求助。救火人员赶到时，神武门守卫却因未得到溥仪允许，迟迟不肯放救火人员入宫，导致大火一直烧到凌晨三点。待军警进宫救火时，火势已无法控制，只得砍倒大树、拆毁小屋，阻断火势蔓延。

火灾发生时，皇宫周边百姓看到"红光满天，火焰高至十余丈"，火灾现场则是"巨火由正殿楼上蔓延烧起，二丈外尚有极烈之热度逼人，不能久立"，"火星乱迸，飞舞空中，飒然而落叶，且皆带火焰"。

◆ 建福宫花园火灾时倒下的大树（旧照）

◆ 建福宫花园火灾现场（旧照）

建福宫大火尽管并未造成人员伤亡，却有大量建筑及珍宝被焚毁。据绍英统计，被焚毁的建筑包括德日新七间、延春阁七十二间、广盛楼七间、静怡轩七间、东西廊子各七间、门楼一座、中正殿后佛楼计十间、中正殿计五间、香云亭一座、东西配殿各五间，以上合计一百三十四间；历代帝王御像、中正殿藏历代版本供奉佛像均被毁；宫内收藏的珍宝共六千余件，当时由火中抢护出的仅有三百余件，其余五千余件尽毁于烈火，损失银元在千万以上，历代珍贵绘画毁于一旦。

溥仪在《我的前半生》中写道，内务府给了他一笔"糊涂账"：火灾造成金佛两千六百六十五尊、字画一千一百五十七件、古玩四百三十五件、古书几万册被焚毁。而建福宫到底有多少文物被烧，"只有天晓得"。内务府清理火场残渣时，还发现了不少烧熔的金、银、铜、锡。北京一家金店用五十万元买到了这堆残渣的处理权，从中挑拣出黄金一万七千两。可见，这场大火造成的珍宝损失是无法估量的。

◆ 建福宫花园延春阁今貌（2002年复建）

○ 建福宫花园今貌

● 中正殿一区建筑群

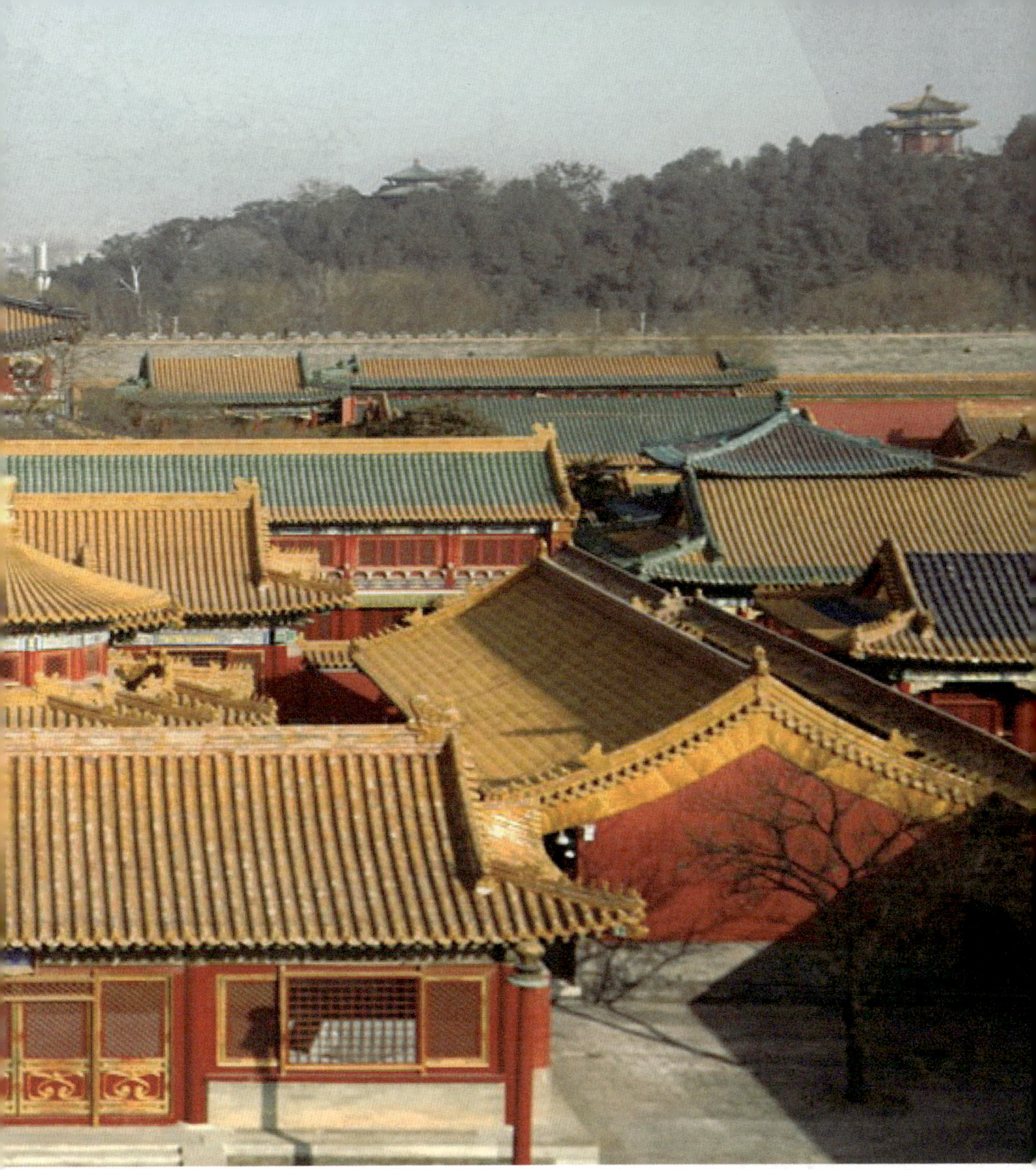

◆ 中正殿建筑群今貌（2012年复建）

这场大火究竟是如何烧起来的？当年《申报》给出的说法是"走电"，也就是电线走火造成的。而据知情者言，恐怕有古董商勾结宫中太监私自盗取宫中宝物，纵火掩盖行迹。据救火人员回忆，在现场闻到了浓烈的煤油味。溥仪也坚信这一说法："偷窃和纵火灭迹都是事实，师傅们也没有避讳这一点。"

建福宫火灾促使溥仪痛下决心驱逐太监出宫。当年7月16日，溥仪下令将上千名太监全部驱逐出宫，只留下十人看屋。这场震动社会的失火案，最终以数千名太监被驱逐出紫禁城而告终。

神秘的"避火咒"

中国传统文化中有个有趣的现象，古人常把消灾的愿望寄托于某种特定事物。若仔细观察，我们不难发现紫禁城古建筑上暗藏着各色各样的"避火咒"。

藻井上的"克火"神器

藻井是古代重要建筑上的常见装饰。在太和殿宝座上方，就有一座极为华丽的的藻井，全称为"龙凤角蝉云龙随瓣枋套方八角浑金蟠龙藻井"。这座藻井共有三层：最下为方井，中为八角井，最上为圆井。其中四边形与八角形木骨架相交形成的三角形或菱形空间，称为"角蝉"。藻井正中垂着一只大圆球和六只小圆球，这种装饰叫"轩辕镜"。古人认为，轩辕是"黄龙之体，主雷雨之神"，具有"阴阳交感，雷激为电，和为雨，怒为风，乱为雾，凝为雪，散为露，聚为云气"等本领，也有镇火之效。太和殿藻井不仅是皇权的象征，也是古人眼中的"防火神器"。

藻井克火的传统早已有之。据东汉应劭《风俗通义》记载，藻井的造型类似于星官"井宿"。井宿为南方朱雀七宿之首，有八颗星，形似水井，因此古人认为井宿主水事。东汉辞赋家王延寿《鲁灵光殿赋》中就曾提到大殿中有"圆渊方井，反植荷蕖"。古人认为，藻井上绘有荷花、菱角和水草等与水有关的花卉图案，也能产生"厌火"的作用。

这种水草纹克火的文化传统被承袭下来。水草纹饰不仅出现在藻井上，在古建筑室内的顶棚天花和大梁上也能见到它们的身影。例如文渊阁天花板上的金莲水草彩画图案。"金莲水草"是清早中期天花板位置彩画的一种，以荷花、水草为主图案，花头沥粉贴金，造型清雅。

◊ 太和殿内藻井

●文渊阁前廊金莲水草天花

宫门匾额的"门"字不带钩

来故宫的人，想必都曾从午门前经过。很少有人注意到，午门匾额上"门"字的写法有所不同：本应为竖钩的一笔竖直而下，并不带钩。再往前走，紫禁城中轴线上的各宫门，无论是前朝的午门、太和门，还是内廷的乾清门、坤宁门等，匾额上的"门"字也都"有竖无勾"。

"门不带勾"是古人防火消灾的一种避讳方式。这种思想的形成可追溯至南宋时期。据清人俞樾《茶香室丛钞》记载：当年，都城临安存放皇家族谱的玉牒殿曾经失火，火势一直蔓延至殿门。有大臣向皇帝禀报说，火灾是因殿门匾额上的"门"字带钩而起。于是皇帝下令把殿门的匾额统统摘下，扔进火中焚烧，玉牒殿的火灾也很快被扑灭。到了明朝，无论南京还是北京的宫城城门，匾额上的"门"字均不带钩。明人詹希原书写的南京皇宫各宫门、朱孔易书写的北京大明门等匾额，"门"字亦不带钩。

● 午门匾额　　　　　　　● 太和门匾额

当然，并非所有紫禁城宫门匾额上的"门"字都不带钩。位于故宫东部区域的宁寿宫建筑群，其中的锡庆门、衍祺门、养性门、宁寿门等宫门匾额上的"门"字都有明显的钩。宁寿宫建筑大多为乾隆四十一年（1776）所建，原本是乾隆帝打算退位后颐养天年的地方，很多宫门匾额都是由乾隆帝亲自题写。看来乾隆帝并不在意"门"字带钩会引起火灾的说法。有意思的是，清代紫禁城火灾档案上，并没有宁寿宫建筑群遭受过严重火灾的记录。

紫禁城檐角的"镇火兽"

很少有人知道，寄居在紫禁城檐角的异兽也有镇火的寓意。

紫禁城古建筑正脊❶两端多有龙形兽首，名叫"螭吻"。这种神兽是由汉代"鸱尾"演变为"鸱吻"，进而演化而来的。

螭吻镇火的传说在西汉时期就已见诸史册。《史记》中有汉武帝太初元年，柏梁殿遭受火灾的记录。据北宋李诫《营造法式》记载：在柏

---

❶ 正脊，指前后屋面坡的交线。

● 锡庆门匾额　　　　　　　　　● 衍祺门匾额

梁殿火灾后，越地巫师说海中有虬龙状的大鱼，外形与"鸱"相似，可激起巨浪，降雨灭火，于是古人将鸱尾形象置于屋顶，用来镇火。《三国志·魏书》中有"（刺史李世哲）逼买民宅，广兴屋宇，皆置鸱尾"的记载，说明至少在三国时期已有在屋顶放置鸱尾的做法。大同市云波路出土的北魏石椁内的陶屋，其屋脊两端也有明显翘起的鸱尾。

相较于"鸱尾"，"鸱吻"的造型出现明显变化。建造于唐德宗年间的南禅寺大殿上的鸱尾仅有翘起的鱼尾；而梁思成绘制的佛光寺东大殿鸱吻不仅有鱼尾，而且明显可见鱼尾前部有龙形神兽，瞪眼张嘴，做吞脊状。不难发现，在唐代，"鸱"的形象发生了改变：龙首獠牙，形貌狰狞，做张口吞脊状，用于驱邪镇火。

"螭吻"一词较早出现在宋人龙衮的《江南野史》中。明清以后，"螭吻"的叫法逐渐普及开来。在传说中，螭吻是"龙生九子"的第二子，属于没有角的龙，通体呈黄色，好东张西望，喜欢吞火。在古建筑领域，因为位于屋顶正脊两端，"螭吻"又被称作"正吻"。故宫太和殿檐角就安放着张牙舞爪、"咬住"正脊的螭吻，用来镇火防灾。

故宫文渊阁建筑外檐上还有"游龙负书""海马负书"的彩画，也隐

● 大同市云波路出土北魏石椁内的陶屋

含避火的寓意。古人认为龙可上天潜渊，司水布雨，灭火驱邪。"游龙负书"绘制的是一条在祥云之上蜿蜒前行的游龙，龙身驮有卷帙。海马即《山海经》中的驹騟，是传说中善走的神马，因产于"北海"，故被称为"海马"。古人认为，海马不仅能在水中疾行，且不惧水火。"海马负书"绘制的是一头在汹涌波涛的大海中奔腾的马，马背上驮有书匣，也寓有避火的巧思。

在太和殿屋顶上，还有一只特别的小兽"行什"。除太和殿外，紫禁城所有古建筑屋顶的小兽数目都是单数，且不超过九只。唯独太和殿的屋顶上"蹲"了十只小兽。这样特别的安排，牵出了一段失火重修太和殿的往事。

行什得名如此，是因为这只小兽在太和殿屋脊上敬陪末座，排行第十。行什的五官很奇特，眉毛翻卷，环眼暴睛，朝天鼻，鸟噙嘴，嘴里有两只獠牙。它身材壮实，乳凸腹鼓，肩后还生着一对翅膀，双手交叉，握着一杆金刚杵，手掌为十指，脚部却为四趾，造型似鹰爪。远远看去，与雷震子有诸多相似之处。

古老的太和殿屡历火劫。据统计，自紫禁城建成以来，太和殿至少

◉ 山西省忻州市南禅寺大殿鸱尾 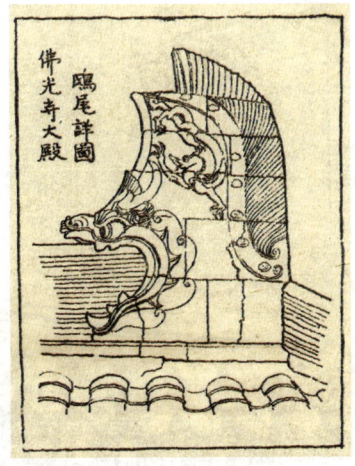　　◉ 梁思成手绘佛光寺东大殿鸱尾

◉ 太和殿屋顶的正吻

◉ 文渊阁彩画画样局部

◆ 太和殿脊兽

三次因雷击失火而遭焚毁❶。《沙哈鲁遣使中国记》中描述了永乐十九年（1421）三大殿失火时的可怖景象："这天晚上，由于天意，碰巧发生大火，其起因是空中的雷电击中了皇帝新建的宫室顶……其结果是大约二百五十英寻❷的地方化为了灰烬，烧死了很多男人和女人。"

太和殿每遭焚毁，都要重建。康熙三十四年（1695），太和殿第五次失火后重建，由匠师梁九负责。因修葺大殿的楠木严重短缺，梁九把太和殿的开间做了改动。在建筑总尺寸不变的条件下，开间由原来的九

---

❶ 这三次火灾分别发生于明永乐十九年四月庚子日（1421年5月9日）、嘉靖三十六年四月丙申日（1557年5月11日）、万历二十五年六月戊寅日（1597年8月1日）。

❷ 1英寻相当于1.8288米。

● 仙人　　　● 龙　　　● 凤

● 狮　　　● 海马　　　● 天马　　　● 押鱼

● 狻猊　　　● 獬豸　　　● 斗牛　　　● 行什

间变成十一间。然而，重建前的太和殿，九个开间对应屋顶角部的九只小兽。而现在，十一个开间的太和殿屋顶又要重新排瓦，瓦件对应的尺寸也要发生变化。梁九发现，屋檐四角排完九只小兽后，恰恰多出一块瓦的空间。该如何补上这"片瓦之地"的空缺？思忖良久后，梁九想到，可以在这里增加一只新的小兽，这只补空的小兽就是行什。

历史上太和殿多次着火，大多与雷击有关。梁九在太和殿屋角放置这样一只形似雷震子的神兽，寓意非常明显：希望上天多多"关照"，不再让太和殿遭受雷火之劫。于是，太和殿屋顶上独一无二的"行什"，就这样一直保留到了今天。

故宫里的"防火墙"与灭火器

上面提到的"避火咒"，只反映了古人防火防灾的美好愿望。紫禁城中有什么实用的防火方法呢？这里的建筑布局实际上也有着避火的巧思。

紫禁城中有一条全长约两公里的内金水河，这条内河由宫城西北的筒子河水关流入宫城中，流经武英门、太和门广场、文渊阁，再从东南角水关出宫，几乎环绕了大半个紫禁城。内金水河被设计成弯弯曲曲的形状，并非故意耗费物料，而是有意为之。因为紫禁城建筑规模庞大，一旦失火，仅靠井水和水缸中的存水来救火，是远远不够的。内金水河充分接近流域途经的各座宫殿，就是为了方便失火时就近取水。天启四年（1624）午门以南的六科廊失火、天启六年（1626）武英殿西油漆房失火，都得益于在失火点附近取到了内金水河的水，才使得火势及时被扑灭。

除了内河取水，紫禁城中还有数道坚固的"防火墙"。康熙十八年

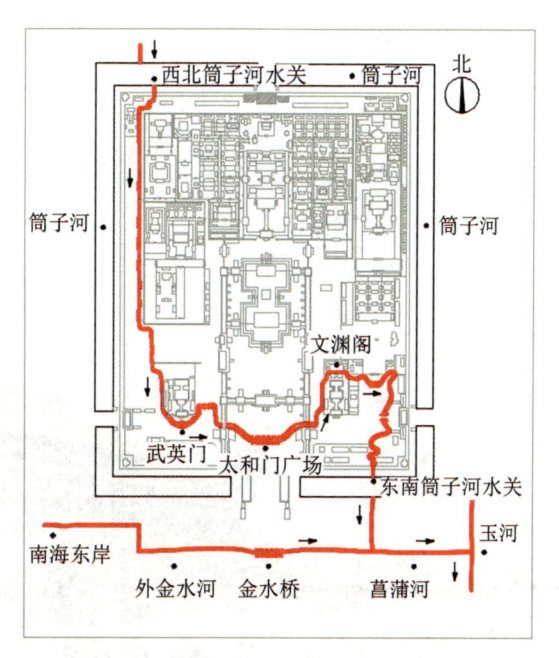

● 内金水河与外金水河平面图

（1679）十二月三日凌晨，御膳房起火，火势顺着西北风一路向南，很快蔓延至乾清门广场、后右门、中右门，又因西风拐了个弯，沿着太和殿西侧的木质斜廊蔓延至太和殿，烧毁了太和殿及其东侧的木质斜廊。经过这次火灾，康熙三十四年（1695）复建太和殿时，匠师梁九将木质斜廊改为砖砌的卡墙。从此，太和殿两侧有了"防火墙"，成功阻断了建筑两侧的火源由东西向蔓延。

故宫内还有另一种形式的防火墙，叫"封后檐墙"，又名"风火檐墙"。封后檐的设置起于雍正时期。顾名思义，这种墙不设门窗，屋檐位置的檩枋、椽子等木质构件均用砖墙封砌，不露在外面。

清朝时的紫禁城，不仅是帝王后妃的居所，窄小的围墙之下，也寄居着形形色色的兵丁、太监和宫女。在日精门、月华门以南一带的围房，就是兵丁、太监值守的地方。下人当值时或下值后，时常用火做饭，常有火星蹿到房檐之上。雍正五年（1727），雍正帝下旨改造围房后檐围

◉ 内金水河

◎ 金水河倒影

◆ 太和殿东侧的防火卡墙

墙,"将围房后檐改为风火檐",一律不留门窗。

故宫里还有四间颇具特色的"石头房",分别位于凤彩门、龙光门、增瑞门、永祥门四座门廊的南侧。从外面看,这几间房和其他房屋并无二致。但实际上,它们并非用木材建造,而是为防火建造的"实心房"。这些"石头房"四面均为墙体,墙内填满碎砖。随着时间的流逝,房檐上的部分漆皮已经风化、脱落,细心的人从旁经过,或许会发现这些石头房房檐上裸露的"石心"质地。

除了"石头房",故宫内还有一座"烂尾楼"——灵沼轩。如果能完全竣工,它可能会是紫禁城中为数不多的完全"不怕火的建筑"。灵沼轩位于东六宫区域,前身为延禧宫。屡历火劫的延禧宫在道光二十五年(1845)火灾后彻底化为废墟。宣统元年(1909),隆裕太后听从太监小德张的建议,要在延禧宫遗址上盖一座"不怕火的建筑",这便是"灵

● 露出檩椽的后檐墙

● 不露出檩椽的封后檐墙

沼轩"。按照隆裕太后的设想,重建后的灵沼轩将是个"水晶琉璃世界":

> 帝登极后,于此兴修水殿,以奉养太后。四围浚池,引玉泉山水环绕之。殿凡九层,层九间,又四角各有一亭,计三十九间。以铜为栋,以玻璃为墙,四望空明,入其中者如置身琉璃世界。墙之夹层中置水蓄鱼,下层地板亦以玻璃为之。俯首而窥池中,游鱼一一可数。荇藻参差,青翠如画,地板又可开阖,时或揭起,驾小

● 凤彩门南侧的石头房立面

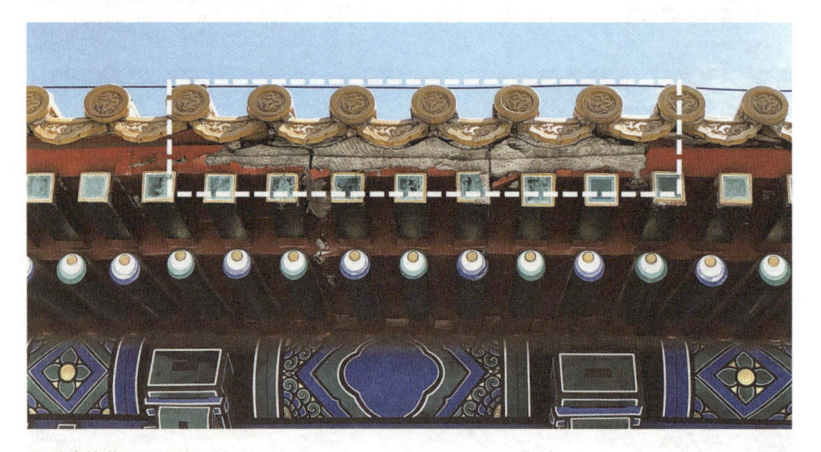

● 漆皮掉落后露出的石材

舟直达宫外。中层、上层亦用玻璃,上层顶上更有玻璃缸数事,为蓄鱼之需。楼梯皆置宫外,由东南亭内曲折环绕,渐升而不自知也。太后自题匾额曰:灵沼轩。而俗呼曰:水晶宫。闻此次工程费帑已达百万以上,逊位之时尚未毕工也。

(黄鸿寿《清史纪事本末》卷七十五)

她计划在地下一层和四周用条石垒砌水池,引入金水河水;在地上两层、底层四面当中各开一门,四周环以围廊;殿中建四根盘龙铁柱,顶层建五座铁亭，四面出廊，让四角与铁亭相连。闲暇之时，人便可徜徉其中，观鱼赏景。考虑到防火安全，灵沼轩以石材做墙，采用钢结构框架体系，也是我国较早的钢结构建筑。这座不怕火的"水晶宫"，因清政府国力空虚，加之辛亥革命爆发，开工三年后便停工。如今的灵沼轩，仍是百年前未完工的状态。

除了建筑上的考量，紫禁城中还藏有各种颇具巧思的"皇家灭火器"。

水缸是紫禁城中众所周知的"灭火器"。在距离内金水河、水井较远的紫禁城中轴线及内廷区宫殿前，大都安放着铜缸。这些缸通常被称为"海"，平时会贮满水，为的是着火时能就近及时取水。据清宫史料统计，紫禁城中大铜缸的口径可达五尺，烧造时要耗费约三千四百公斤铜。清光绪年间，紫禁城内共有大小铜缸、铁缸三百零八口，每年十一月初一至第二年正月三十日，宫里会安排杂役苏拉们在缸底烧炭，避免缸水凝结；熏缸之后，每年从二月初一开始，这些苏拉还要每月往缸内加两次水，保证缸水不干。

除了铜缸，明清皇家还有一种机械"灭火枪"——激桶。紫禁城中的激桶有唧筒、水龙两种样式。唧筒在清宫档案中又被称为"岔子激桶"。故宫博物院现藏唧筒多为铜制，呈下粗上细的中空长筒状，由内

◆ 太和殿前铜缸

◆ 灵沼轩

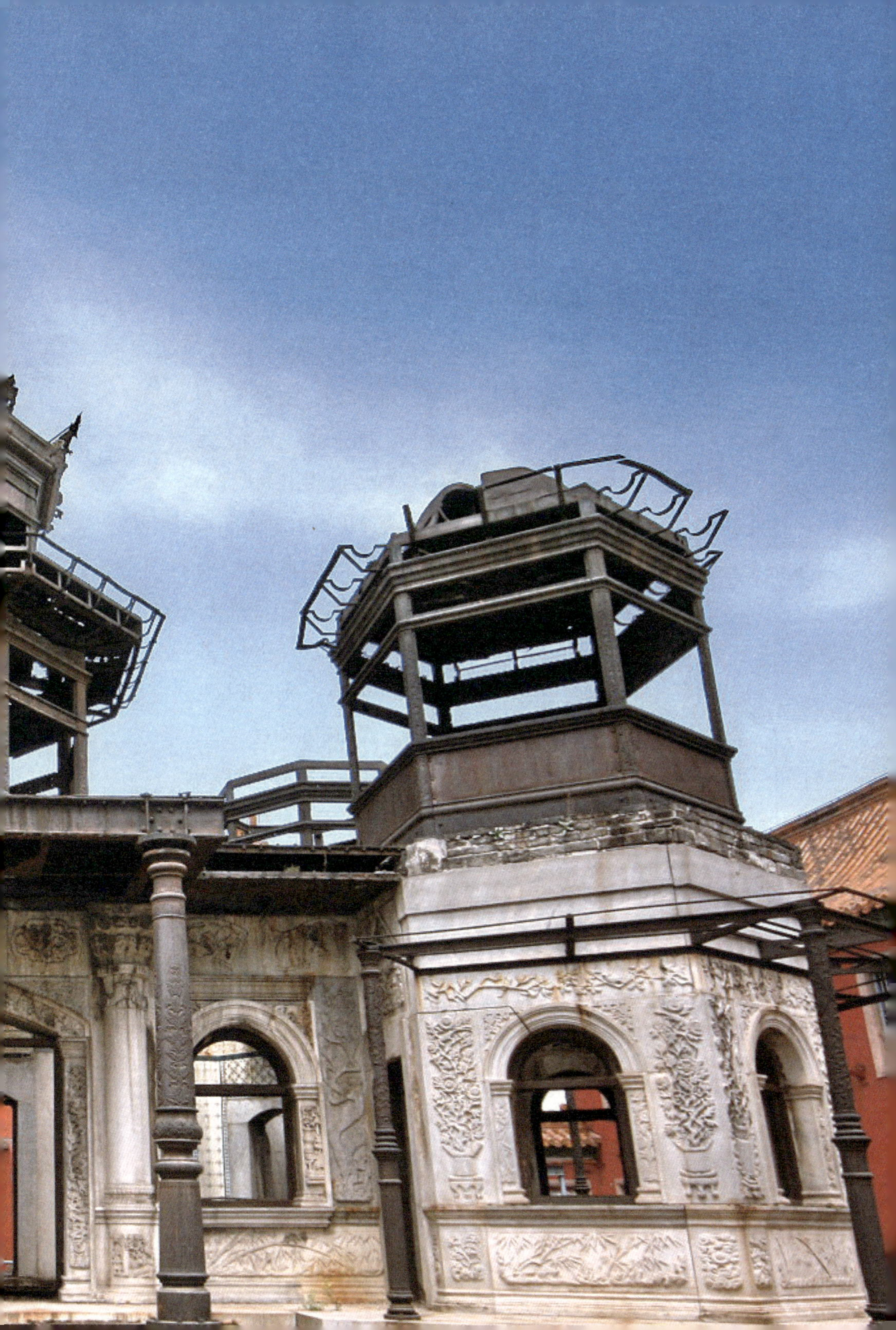

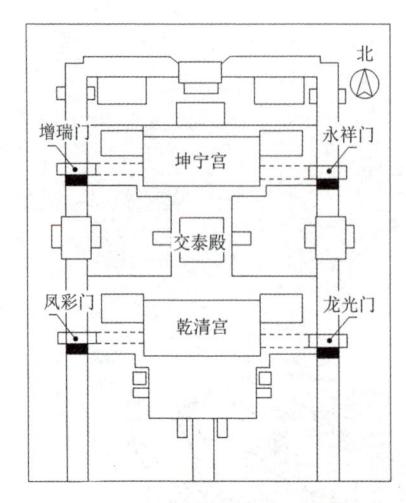

● 石头房位置平面示意图

● 明邓玉函《远西奇器图说》中的水龙示意图

外套筒、喷水头、支脚、阀门等部件组成。内筒被抽出后，整个唧筒的长度可达两米。最里层内筒的顶部固定了喷水头，最外层套筒底部有数十个小孔，用于汲水。支脚用于架立唧筒。阀门一般有两个，为铜片或软皮，分别控制进水和出水。唧筒往往与水桶配合使用。建筑失火时，救火的人将唧筒支脚张开，立在水桶中，并将外套筒底部置于水中，将喷水头对准火点，前后推拉底部内筒，就能喷出水柱。

水龙在清宫档案中被称为"西洋激桶"，是一种利用拉压杠杆的方式取水喷水的灭火装置。故宫博物院现藏有清宫内务府造办处制作的水龙模型，是当时成批制造水龙前的小样。水龙主要由水箱体、铜缸、活塞、阀门、铁杆、压梁、将军柱、出水管等构件组成。水箱体相当于水龙的"外壳"，且底部有抬杠，便于搬运。铜缸为圆柱形，位于水箱体内，数量可达四只，相互间有软管及阀门相连；两只铜缸用于存水，另两只铜缸内有活塞，用于吸水。活塞由圆形铜块与数层软皮挤压而成。活塞被固定在一根竖向铁杆端部，铁杆的另一端与压梁固定。压梁为一根长木梁，功能相当于人力挤压活塞的杠杆。将军柱位于水箱体中部位置，底部与水箱体固定，顶部与压梁铰接相连，相当于杠杆的支点。出水管位于将军柱旁边，为竖向铜管，管底有软管与吸水缸相连，管顶可再接自由转动的水平管，以便向各个方向喷水。据明代来华传教士邓玉函《远西奇器图说》记载：水龙救火有奇效，无论着火位置多高、多远，水龙喷出的水都可迅速将火灭掉。五六个人操纵装置，灭火威力胜过百人。清中期起，水龙逐渐取代了唧筒，成为紫禁城中的"灭火神器"。

◎ 水龙模型

◎ 唧筒

◎ 唧筒

八 · 紫禁城的安全谁来保证

历朝历代统治者都会采取各种警备措施来维护都城的安全。从西周时期起，就有烽火报警的方法；汉晋时期，羽檄是快速传递重要军情的依据；宋代起，符牌为校验身份真假的凭证。作为我国历史上最后一个封建王朝，清代京城的警备力量如何？在如今北京市北海公园的白塔山上，安放着古老的信炮。在曾经的京城九门❶之上，也都设有信炮。对紫禁城本身的安防而言，合符、传筹、摇铃、石别拉等也起着至关重要的作用。

皇宫的警备有多森严

清代宫廷有着严格的宫禁制度。凡禁廷各门均白天开放。起初，开门时间在丑正（约凌晨二时），后一度改为子正（约凌晨十二时），再后来，宫门开放的时间以黎明辨色为准。白天，宫城中有护军执军器、腰刀把守。各门均有护军专执红棒，坐于门外警戒。

宫中警备森严，出入都需凭证。在内阁、内务府及内廷各处行走供事的书吏、苏拉、皂隶、茶役、厨役、匠役等皆配有内务府特制的火烙腰牌，进入紫禁城大门时，由巴克什护军验明方可通行。这些腰牌每三年更换一次。凡宫中物品出入大门，均由各衙门准备出门单，送至景运门值班处照验，核验无误后方可放行。

夜间出入要凭合符。清代紫禁城合符为涂金之物，镌阳文圣旨字样，外匣并钥，收藏于大内。于景运、隆宗、东华、西华、神武诸门预颁阴

---

❶ 指朝阳门、崇文门、正阳门、宣武门、阜成门、德胜门、安定门、东直门、西直门。

文合符一扇存贮。宫中如在夜间有临时派遣及紧急军务,启门者必须持有大内阳文合符,值班护军统领、参领取阴文合符比验无误后,才能启门。合符以铜、木等材料制成,一分为二,内面分别刻有阴文、阳文字符,相互配对,互为印证。

合符制度始于雍正年间。据《国朝宫史》记载,雍正四年(1726)八月九日,雍正帝下旨,夜开城门事关重大,仅口头传旨恐无凭据。他命造办处制作合符四件,除宫内留存一件外,其余三件分别用于乾清门、左翼门、右翼门;凡夜开宫门,需要出示阳文合符,值守大门的步军参

● 木制"奉旨开东华门"阴阳合符

● 木制"奉旨开东华门"阳合符的正面、背面

领取阴文合符验明无误后，方可开启宫门。

夜开京城九门同样要执合符。其中步军统领署、正阳门、西直门均备有阴文合符；出正阳、西直二城门者，出示阳文合符；城门值守人员用阴文合符配对成功后，报步军统领，经批准后开城门放行。京城其他城门不备阴文合符，出城人员持阳文合符至城门后，由步军统领亲自携带阴文合符至城门，与阳文合符配对成功后，再下令开城门放行，且在第二日亦需详细上奏该事项。

信炮与合符均由步军统领掌管。步军统领俗称"九门提督"，统率京城的八旗步军和巡捕营，职位犹如汉之司隶校尉、明之锦衣卫，虽武职二品，但威权甚重，多由皇帝亲信的王公勋臣担任。步军统领设于顺治年间，下辖左右翼总尉各一人，管理京城满、蒙、汉军八旗步兵。康熙年间，步军统领开始管辖京城内九门、外七门事务，后又兼管巡捕营，负责京城中、南、北三营区域的防务，权力进一步扩大。雍正年间，设立步军统领衙门；乾隆年间，巡捕营的管辖范围又增设左、右二营，这便是后来俗称的"巡捕五营"。

清代皇宫守卫严密。御前侍卫是皇帝身边第一道防线，由皇帝亲自选授，归御前大臣管理。御前侍卫没有固定的员额和等级限制，约六百人左右，大多为镶黄、正黄、正白上三旗出身。皇宫的第二层守卫是蓝翎侍卫、宗室侍卫和上千人的侍卫亲军。第三层守卫是专门的卫戍部队，包括护军营、前锋营、骁骑营、步军营、火器营、神机营等，各营有统领、都统，负责皇帝宿卫、清跸和皇宫门禁守卫。这些侍卫必须是满、蒙、汉八旗出身，亲军兵力约有数万之多。

卫戍各营各有分工。例如护军营负责值守皇宫门户，掌握宫门启闭，主要由下五旗子弟兵组成，规模达上万人。前锋营则是皇帝出巡时的护卫部队。骁骑营是骑兵，在八旗军中规模最大，兵力超三万人，主要任务一是守卫皇城以外的京城各地,二是负责看守一些重要的仓库、粮库和城门。步军营负责巡查、缉捕、防火、街道清理、城门把守等。火器营则由满洲、蒙古固山旗人组成,专职制造炮弹、枪药和火器。

在皇宫之内,还有一群特殊的侍卫——内务府三旗包衣营。包衣营有护军、骁骑、前锋三营,大约七千余人,负责检查出入宫禁的往来人员。

特殊的皇家警报

北京市北海公园白塔山上的信炮安设于清顺治时期。顺治十年(1653)十一月,兵部尚书噶达浑上奏,从前在盛京时,"凡遇有警急",便以击鼓方式传递信号,令军队迅速集合;清军入关后,由于京城幅员辽阔,军队曾在紫禁城北面的煤山(今景山)安放信炮,传达警情,但后来又将之撤去。如今虽天下太平,可一旦出现紧急情况,很可能因为

● 北京市北海公园白塔山信炮

◆ 同治元年制信牌及信炮牌正面、背面

没有警示信号，导致军队不能及时集结。顺治帝觉得此说很有道理，便下令在北海白塔山上安放五门信炮，同时树立五根旗杆，如遇紧急情况，便鸣炮为号。他又下令在京城内九门各设五门信炮，白天挂黄旗，晚上悬灯笼，随时候命。只要白塔山鸣炮，内九门便跟着鸣炮，发出警报讯号。

白塔山守卫官兵要见到"奉旨放炮"的金牌方可鸣炮。这枚金牌平时存放于宫中，紧要时皇帝或兵部会派专人持达。如果情况危急，来不及上报，也可由事发地先鸣炮示警。

故宫博物院藏有一块同治元年制造的象牙制"请发信炮金牌"上半面信牌。信牌正面为云龙纹，背面书"值班王""值班内大臣""值班文大臣""值班武大臣""值班前锋护军统领""请发信炮金牌""同治元年"等字样。信牌还附有小象牙质圆牌、椭圆形木牌各一块。圆牌正背面均刻有"月日进班"字样；木牌正面刻有"同治元年月日制"字样，背面刻有"奉旨放炮"字样，由军机处转各衙门收存，作为值守官兵鸣放信炮或开启大门的凭证。正牌与附牌往往配合使用，正牌表明身份，附牌为"奉旨放炮"的凭证。

谁来掌管信炮呢？信炮由步军统领衙门统一管理，设信炮总管一人，信炮官汉军、八旗每旗各一人，炮手八名，领催四名，步军十六名。步军统领纂修的《白塔信炮章程》中详细规定了各营官兵的集结地。紫禁城的四座大门仅在专人奉旨持合符到达时方可开门；京城内九门、外七门，守城官兵见到步军统领的令箭时方可开门。紫禁城大门由不值班的御前大臣及侍卫率亲军营兵集结：东华门外为镶黄旗，西华门外为正黄旗，神武门外为正白旗。午门外为镶黄、正黄、正白包衣等内务府三旗护军营兵。皇城四门中，天安门外集结正蓝、镶蓝两旗护军营兵，天安门金水桥南集结两翼前锋营兵；地安门外集结正黄、镶黄两旗火器营兵，地安门内集结两蓝旗护军营兵；东安门外集结正白、镶白两旗火器营兵，东安门内集结两白旗护军营兵；西安门外集结正红、镶红两旗火器营兵，西安门内集结两红旗护军营兵。信炮响后，外火器营向阜成门进发，健锐营官兵向西直门进发，以备调遣。各王公门上章京、护军等在本府听候。

宫中传讯警报，还有一种特殊的装置——"石别拉"。"石别拉"为满语，意为"石海哨"，由紫禁城内大量使用的莲瓣状望柱头改造而成。所谓"望柱"，即俗称的栏杆柱。普通的莲瓣望柱头内部为实心，而清代工匠在制作石别拉时，将其内部挖空，形如空心葫芦。若遇外敌入侵或火灾等警报，宫内护卫会将约十厘米长的"小铜角"插入石孔，用力吹响，让石别拉发出"呜、呜"的警报声。"石别拉"的警报就像浑厚嘹亮的螺号，可以瞬间传遍整座紫禁城。

顺治时期，侍卫府在外朝、内廷重要的宫室和大门处安置了多个"石别拉"，三大殿、乾清宫、坤宁宫、宁寿宫、慈宁宫、神武门、东华门、西华门前都曾有它们的身影。历经数百年，部分"石别拉"的孔洞已被泥土堵塞，或被替换成了实心望柱头，如今紫禁城中的"石别拉"已不多见。

● 太和门广场上的石别拉　　　　　　　● 石别拉使用示意图

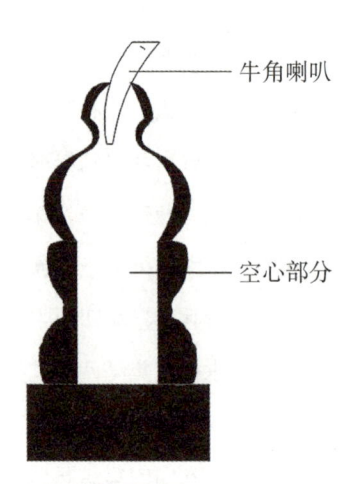

　　除了"石别拉"预警，宫中还用传筹与摇铃传讯。"筹"即木棍，侍卫们通过传筹来报平安。中国国家博物馆藏有一幅清代《紫禁城传筹图》。有学者研究认为，宫中哨所至少有五十八处，每晚有官兵六百五十六人在紫禁城内五条固定路线夜巡。值守官兵通过传筹联络，一旦出现险情，便立刻大声喊话。

　　宫中哨所安设在何处？很少有人注意到，在紫禁城城墙与护城河之间，有一排排红墙长房，在明代被称为"红铺"。明代的哨所即设在红铺处。明代宫墙外的红铺有三十六处，每日都有大臣在午门以东的阙左门值班，安排哨兵巡逻，各红铺之间的哨兵会通过摇铜铃的方式来传递警情。清雍正时起，红铺改称"围房"，除了作为哨所，围房还多了"储物间"的功能，用来放置档案和生活杂物，如前面提到的"灭火神器"激桶，在清代时就放置在这些围房中。一旦遇到火情，哨卫们可第一时间就近取出激桶，迅速赶至事发地救火。

隆宗门匾额上为何有支箭头

照理说来，清代皇宫采取了这么多警备措施，已经把安保细节做到极致，不太可能出现什么纰漏。然而，据史料记载，清代曾出现多次外人混入皇宫的事件。

据《国朝宫史续编》记载：嘉庆二年（1797）乾清宫失火时，各门洞开，人众嘈杂，有人发现一名汉军披甲在一座门洞内藏了两天。王公大臣要想进入内廷区域尚且不易，遑论普通官兵杂役。已退位颐养天年的乾隆帝得知此事后十分不安，下旨要求宫中加强警卫值守，遇到火情时，救火者必须持有专用标志牌方可进入指定区域。

晚清时期，宫禁管理更为混乱。相传，咸丰三年（1853）还曾出现过小贩混进宫中卖馒头的"乌龙"事件。侍卫在靠近养心殿的隆宗门外抓到了一位卖馒头的小贩王库儿。据王库儿说，他偶然间在宫外拾到过一只腰牌，是负责厨房事务的校尉袁士栋的。之后，王库儿便拿着腰牌在宫内行走，由此结识了很多宫里人。

光绪年间，还有宫外平民莫名混入太和殿的奇事。光绪三十一年（1905）七月八日，中左门值班章京继山、中右门值班章京隆海、后左门值班章京阿克当阿、后右门值班章京胜禄四人会同巡查三大殿，发现太和殿西间东窗棂脱落。就在四人停下脚步、意欲仔细查看时，突然听到太和殿内有声音。四人忙向景运门值班大臣兜钦禀报。待司钥长、护军参领松全打开太和殿大门时，发现一个衣衫破烂之人正在殿内跳舞。众人一拥而上，从跳舞之人身上搜出一把带鞘的短刀和一把无鞘的小刀。此人自称贾万海，二十九岁，大兴县人。再问其他，贾万海便嬉笑哭闹无常，看来已精神失常。隔天，这位莫名闯入太和殿的"疯子"被判处绞刑。

● 隆宗门

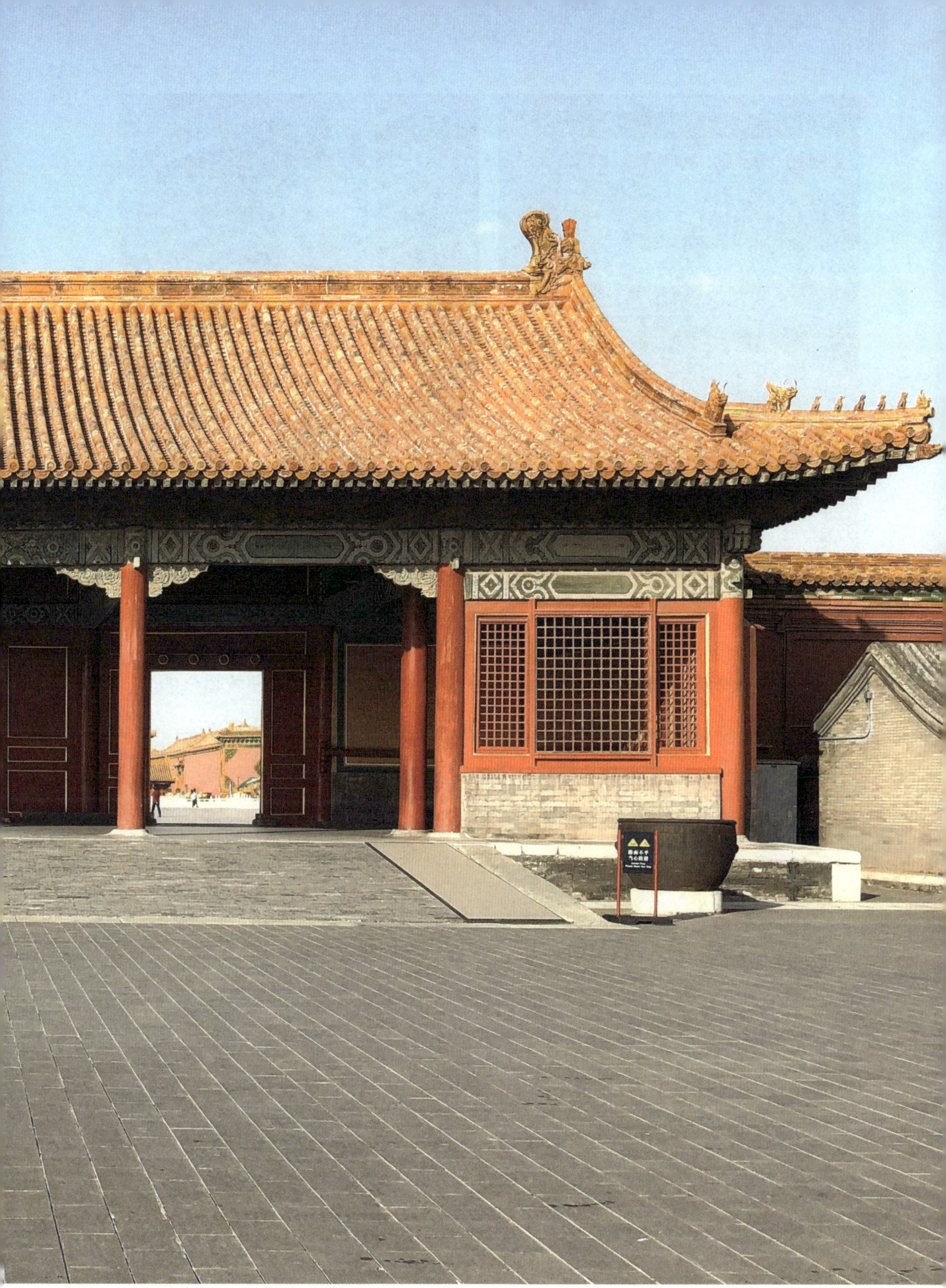

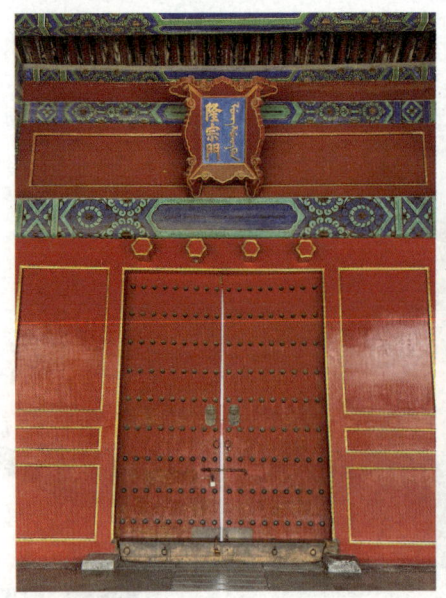

● 隆宗门正门　　　　　　　　　　　● "门"字左上方的箭头

　　平民闯入紫禁城影响最大的一次事件，是清嘉庆年间的天理教起义。清人昭梿《啸亭杂录》中详细记载了天理教起义始末。嘉庆十八年（1813）九月十五日，天理教教徒兵分两路，分别从东华门、西华门攻打紫禁城。攻打东华门的教徒因被守门护军发现而受阻。攻打西华门一路的五十余名教徒得到太监杨进忠、高广幅接应，很快冲进宫，向嘉庆帝居住的养心殿进发。皇次子旻宁（即后来的道光帝）闻讯，立即命人取来鸟枪自卫，还下令关闭紫禁城四座大门，派官兵进宫捉拿天理教教徒。在距养心殿最近的宫门隆宗门外，护军与天理教教徒展开了激烈战斗，最终击败了教徒。在隆宗门的战斗中，一名值守护军深知合符重要，将之藏在怀中，即使身中数刀，倒在阶上，仍拼命捂住合符，不使之外露。

　　如今，进入故宫博物院参观的游客会注意到隆宗门的匾额侧面留有一支箭头。有种说法认为，这支箭头或为嘉庆十八年天理教教徒攻打紫禁城时所留，它之所以一直没被拆下，是皇帝希望以此来告诫宫中警卫，万勿放松警惕。

九 • 太医院的秘密

清代宫廷中，隐藏着一座神秘的西药房。德里鸦噶、巴尔撒木油等西药被广泛应用于皇室成员和军队的日常医疗中。而西方美食巧克力，则被康熙帝误认为是"特效药"。宫中甚至建造了研制西药的"皇家医学实验室"，设立了用于存储、制造西洋药露的"西药房"——露房。

紫禁城中的皇家医学实验室

● 满文版《西洋药书》

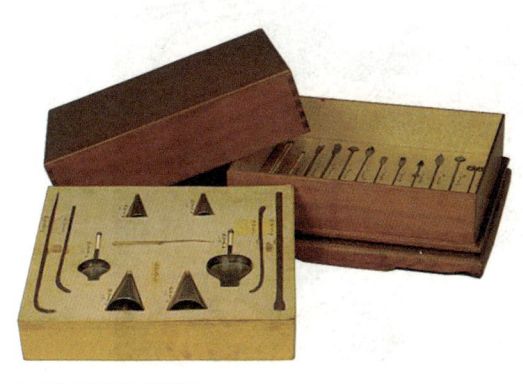

● 清康熙银质制药器具

清康熙年间，宫中曾有一座"皇家医学实验室"，由进宫的西方传教士主持。他们引入西方的制药技术，通过化学实验展开药剂研制，制作了一批宫廷御用西药。

实验室的主持者是法国传教士白晋。白晋于康熙二十七年（1688）来京，和另一位法国传教士张诚一同被任命为御前侍讲，为康熙帝讲授西方医学知识。其间，他们还用满文撰写了《西洋药书》，介绍当时在西方流行的二十余种药露。两人还为康熙帝写过约二十篇介绍西洋医学的短文，其中一篇提及内服化学试剂的优点。他们告诉康熙帝，西药和中药同样具有缓和症状、恢复身体的作用，而且不像中药那样味苦难服。这引起了康熙帝的极大兴趣。不久，他便下令在宫内建造医学实验室，命白晋、张诚等人研制药剂。

实验室的工具设备全部由白银制作，包括各种形状的炉灶，适用于化学实验的各种器皿、用具等。实验室建成后，康熙帝也常到此观察制药过程。白晋等人参照法国药剂师希拉所著《王室药典》中的制药法，用三个月制出干燥剂、糖浆制剂、浸膏等几种试剂。康熙帝对此很满意，把这些试剂作为御用药品随身携带，还将其赏赐给身边的王侯和亲近的太监。

这座医学实验室在哪里呢？我们可以从康熙帝与臣子的往来奏折中寻到一些蛛丝马迹。康熙三十五年（1696）四月底，在讨伐噶尔丹的征途中，康熙帝随身的御用药品将要用尽，他命皇太子胤礽派人将

● 养心殿院落鸟瞰

● 武英殿（右侧框内为露房）

养心殿制造的西洋"如勒伯伯喇尔都"御用药十两，外加上等生姜四斤，于五月二日前送至军营。由此或可推断，这座实验室似乎就设在养心殿。

除了"医学实验室"，紫禁城中还有一座制作、储存药露的"西药房"。这座露房就在武英殿边的东稍间，内储西药和花露。露房设有专职医生，通过蒸馏法制造药露。储存于此的药露被称为"油"，存放在玻璃瓶内。"有所谓噶几牙油、容几拉油、郭巴益巴油、白尔噶木德油、桂皮油"，所用材料"皆丁香、豆蔻、肉桂油等类"。嘉庆年间，存于武英殿露房的各种西洋药露大都已凝结成膏状，"匙匕取之不动"。一次，嘉庆帝在检视露房后，将这些"过期药"分赐给了部分亲信大臣。

当时受赏的官员中，有户部右侍郎姚文田。其子姚衡在《寒秀草堂笔记》中介绍了露房内一百二十余种药物的存量、储存方式及药效。其中就有"神药"巴尔撒木油、德里鸦噶和龙涎香等。

《清宫医案集成》中记录了传教士张诚等人研制的"龙涎香露"配方

及服用方法：取龙涎香一两、冰糖一两、麝香二钱五分，将三种药研成很细粉状，以一斤玉泉酒露搅拌，置于银制胆瓶中，将口盖封，固定在热炭上，以微火煮三天三夜，将药过滤后，可得龙涎香露九两五钱。此药可补气血两亏者，使之健壮；提精补神，加强消化，保元温阳，身心舒畅。服饮此露时，合六滴至十二滴烧酒，或合于治心脏病之各种露汁、茶水同服。无论何时，或温或寒，均可服饮。

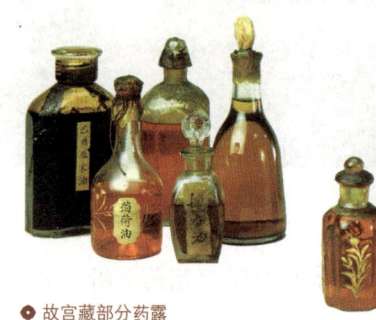

● 故宫藏部分药露

清康熙后，露房的西药制作量逐渐减少，西药房逐渐退出了历史舞台。乾隆三十四年（1769），由于露房蒸露事项减少，占用药房的四名医生暂被拨回药房。嘉庆十九年（1814），在对露房存储的药露进行处理后，"露房遂空，旧档册悉焚。于是露房之称始改矣"。

神奇西药与巧克力的误会

"德里鸦噶"（deriyaka）是清代宫廷中广为使用的西药。德里鸦噶又名"底野迦"，于公元七世纪传入中国。据唐《新修本草》记载：这种药"味辛、苦，平，无毒。主百病"，出自"拂菻国"（即拜占庭帝国）。在清代宫廷中，德里鸦噶主要用于治疗寒热、红疹、腹泻等疾病的重症者。康熙帝的三阿哥胤祉、八阿哥胤禩都曾于重症之际，因服用这种消炎止泻的药物而转危为安。嘉庆年间，这种珍贵的西洋贡药还曾作为赏赐被分给亲信大臣。

另一种堪有奇效的西药是"巴尔撒木油"，这种药同样来自欧洲，唐人段成式《酉阳杂俎》中有云："阿勃参，出拂菻国……斫其枝，汁如油，以涂疥癣，无不瘥者。"据记载，它最早出自秘鲁，"有树，生脂膏，极香烈，名拔尔撒摩。傅诸伤损，一日夕肌肉复合"，具有浓郁的香气，能够治愈刀伤、疥癣等。在清代，巴尔撒木油通过来华使团、传教士等传入宫廷，成为军队的疗伤药和避暑药，在军中极受欢迎。

● 巴尔撒木油

清宫特效"神药"中，有一种令人啼笑皆非：于清初传入中国的巧克力，曾被康熙帝误认为是一种特效药。

康熙帝对巧克力发生兴趣，或许与他曾身患疟疾有关。康熙三十二年（1693）五月，康熙帝患上疟疾，高烧不退，御医束手；关键时刻，罗马教皇特使多罗从印度给法国传教士洪若翰和刘应寄送了一斤金鸡纳霜。康熙帝服用金鸡纳霜后，高烧立刻退去，身体很快康复。金鸡纳霜治好了康熙帝的疟疾，也加深了康熙帝对西药的信任。而部分宫中传教士有吃巧克力的习惯，这引起了康熙帝的好奇，认为它可能是西方的一种"特效药"，便问传教士多要一些巧克力，想看看这种"神药"的效力究竟如何。

传教士很快找到了五十块巧克力,并向康熙帝介绍了食用方法:"将此倒入煮白糖水之铜或银罐内,以黄杨木碾子搅和而饮……西洋人煮绰科拉,皆用白碗。故特制银罐、黄杨木碾子,装入木匣。"

康熙帝看到传教士进呈的奏折后,朱批:"知道了。保忠义言味甜苦、属热等语,但未写有何效益、治何病,殊未尽善。著再询问。绰科拉不必送。"他认为巧克力的药效不明确,要求传教士先不要送巧克力过来,待询问清楚具体药效再说。

作为巧克力的提供者,多罗来华后对儒家文化多有微词,引起了康熙帝的不满。康熙四十六年(1707),多罗被软禁在澳门,于三年后病逝。巧克力的货源就此中断,终究未能敲开皇家的大门。而康熙帝之所以对巧克力不感兴趣,最重要的原因是他认为巧克力没有药效,顾虑其食用忌讳。尽管如此,在清代,巧克力仍被进口到民间,受到国人的喜爱。

十 ● 皇家电话局

电话是晚清时期重要的舶来品，因通讯便捷而很快被国人接受。光绪年间，清政府在颐和园水木自亲殿、西苑来薰风门东配殿各安装了一部电话，但电话进入紫禁城的过程却比较坎坷。从清末到民国，紫禁城中安装皇家电话的过程，是近代东西方科技与思想文化碰撞、交融过程的缩影。

我国首条皇家电话专线

慈禧太后晚年常住颐和园，在那里办公、休息、会见外国公使。颐和园遂成为当时中国真正的权力中心。主管洋务和外交事务的总理各国事务衙门改为外务部，也在颐和园墙外设立了分支机构——外务部公所。为便宜计，光绪二十八年（1902），外务部和步军统领衙门共同出资，架设了一条专用电话线。这条电话专线自东城东堂子胡同的外务部至颐和园，全长二十四公里，由璞尔生的"电铃公司"承包建设。当时北京还没有官办的电话局，只有璞尔生的"电铃公司"在经营电话业务。

戊戌变法失败后，光绪帝被长期软禁在中南海瀛台。为及时了解光绪帝的动向，光绪三十四年（1908）七月，慈禧太后下令以颐和园"水木自亲殿"为端点，架设至中南海西苑来薰风门东配殿的电话线，专供慈禧太后和光绪帝联系使用。之所以把专线的起点设在水木自亲殿，是因为慈禧太后担心"洋玩意儿"会破坏中国传统建筑的"风水"，而水木自亲殿是乐寿堂的正门，远离颐和园核心区域，前有石造雕栏临水码头。慈禧太后当年经水路出入颐和园时，常在这里上下船。光绪三十四年

(1908)十一月，光绪帝和慈禧太后相继撒手人寰，这条电话专线的使命也随之终结。

储秀宫里的电话局

自光绪二十七年（1901）电话被引进国内以来，京城安装电话的数量迅速增长。据中国第一历史档案馆藏《北京电话簿》统计，至宣统三年（1911），京城有记载的号码达三千余个。但电话引进紫禁城的过程却没有那么顺利。

光绪三十一年（1905）就有大臣提议在皇宫内安设电话，理由是遇到紧急奏报，电话沟通比较高效。但这项提议很快被慈禧太后否决了，她给出的理由是：深宫与奏事处相距咫尺，即便有紧要事件，随时传知奏事处，不会受到耽误；安设电话无所取益，反有诸多不便。

宣统二年（1910）二月，主政的隆裕太后打破"紫禁城内不许安装电话"的禁令，在后宫区域的储秀宫、建福宫、长春宫设立了六部专线电话机，并且安装了一台十门小型电话用交换机。储秀宫绥福殿也成了我国唯一的"皇家电话局"。

故宫博物院保存着一部磁石式电话机。

● 磁石式电话机

● 电话机款识

◆ 储秀宫绥福殿内的"皇家电话局"

这是一种挂在墙上的电话机。话机铭牌上刻有"明治三十八年十月"的生产日期，生产商为日本电气株式会社。话机下部的方盒子为电池盒。这台墙式电话机的话筒与听筒是分开的，使用时，要手拿听筒，把嘴凑到墙上的话筒前说话。这部磁石式电话机有可能就是当年的六部内线电话之一。

末代皇帝溥仪三岁进宫，直至1924年前几乎没有出过紫禁城。1912年，清政府被推翻后，溥仪仍在内廷生活了一段时间。溥仪十五岁那年，听洋师傅庄士敦介绍了电话的作用，便动了好奇心，想在养心殿内安装一台。内务府大臣和溥仪的师傅们都来劝阻，认为"安上电话了，什么人都可以跟皇上说话了，祖宗也没有这样干过……这些西洋奇技淫巧，祖宗是不用的"。溥仪却说，宫里的自鸣钟、洋琴、电灯，这些西洋玩意，祖制里没有过，祖宗也用过了，因此安装电话也无妨。其实，内务府最怕的并不是外人冒犯"天颜"，而是担心溥仪通过电话和外界产生更多的接触。

溥仪先后说服了师傅、内务府大臣、生父载沣等人。不久，北京电话局在养心殿安装了电话，还送来一个电话本。溥仪翻着电话本，先后拨通了京剧演员杨小楼、杂技演员徐狗子（徐维亭）、东兴楼饭庄、胡适等处的电话。给胡适打电话，是因为溥仪想听听这位学者用什么声调说话。他先问胡适："你猜这是谁打的电话？"又以宣统皇帝的名义，正式邀请胡适来宫里做客。胡适在1922年5月17日的日记中写道："今天清室宣统帝打电话来，邀我明天去谈谈。我因为明天不得开，改约阴历五月初二去看他。"

故宫
生活志

卷二
饮酌

一 • 皇家用膳规矩多

中国的饮食文化博大精深，但皇宫里的烹饪技艺却鲜有流传。有人说，文物可以留下来，但吃的味道是留不下来的。古代帝王平时都吃什么？是不是真如满汉全席那样奢华？因为神秘，更让人们对皇宫里的一饮一酌充满好奇。

皇家饮食由谁负责

明代皇家的膳食由光禄寺、尚膳监和尚食局共同负责。三司分工明确：光禄寺负责采买食材，尚膳监负责做菜，尚食局负责尝菜和侍膳。

光禄寺位于故宫东华门附近，掌管祭享、筵宴、宫廷膳馐之事，归礼部管辖。下设大官、珍馐、良酝、掌醢四署及司牲司、司牧司、银库。大官署掌管供应祭品宫膳、节令筵席、蕃使宴犒等事；珍馐署掌管供应宫膳肴核之事；良酝署掌管供应酒醴等事；掌醢署掌管供应油、酱、盐等。司牲掌养牲，根据牲畜之肥瘠而取舍；司牧掌牧养，根据宫中需要而进。简单来说，在三个机构当中，光禄寺属于外勤机构，主要负责搭配菜单，根据菜单采买御膳食材。什么样的食物要搭配什么样的做法，某道菜要配什么样的佐料，都是由光禄寺负责。采买的大部分食材都购自"上林苑"（位于今北京市大兴区南海子），还有部分地方上贡的食材，有时也向民间征购。

尚膳监负责具体的烹调，在这里服役的基本都是男性。光禄寺把采买来的食物和佐料连同菜单一起交给尚膳监，尚膳监的太监们会根据菜单的内容做菜。

尚食局则负责伺候皇家用膳。如很多明代古装剧中所呈现的，尚食

● 养心殿南御膳房外景

局由女官掌管,首席女官就叫"尚食",拥有正六品职级。尚食局掌贡内膳,主要负责皇后、太后的侍膳。明代皇帝册封皇后时,仪典的最后一个环节叫"盥馈",指在正式册封后的第五天清晨,尚食要将备好的御膳进呈皇后,再由皇后为皇太后侍膳。

尚食局还设有司馔、司酝、司药、司供四大机构,分别负责尝膳、饮酒、医药和生活用品的管理。据清人程岱荸《野语》记载:尚食局某宫女出宫后,族人问宫中事,她说只负责切葱。族人拿葱给她切,她用针将葱"镂成人物花鸟,别具逸致"。尚食局的另一重要职责是试吃。凡是进奉到御前的饮食,尚食要先尝一遍。明代宫史中多有尚食为皇太后侍膳的记载。

尚食局的女官主要选自民间。明洪武年间,礼部派专人往江南地区进行过两次大规模的女官选拔。公告明确说:凡十三至十九岁的未婚

女性、三十至四十岁的失婚女子，愿在"六尚"任职者，均可获赐一定金额的"大明宝钞"，由专人护送进宫参选。第一次共有四十四人入选，但只有十四人进宫授职，每人赐银三十七两。

在宫廷管理结构中，"六尚"❶之一的尚食局是门"好差事"。优秀的宫女才有机会被提拔至尚食局任职。明代宫女往往有这样的"职业进阶之路"：受过内臣教育的宫女可先当女秀才，再升任女史，知书达理者可继续升任宫官，再往后才有机会晋升到"六尚"任职。

随着太监势力的崛起，包括尚食局在内的"六尚"逐渐被废除。永乐朝之后，除隶属于尚服局的尚宝司以外，尚食局等机构被废除，"六

---

❶ 洪武五年（1372），礼部设定女官六局一司。"六局"即"六尚"：尚宫局管理皇后相关事务，尚仪局管理宫廷礼仪、起居，尚服局管理宫廷服饰，尚食局管理宫廷饮食，尚寝局负责皇帝休息起居，尚功局负责管理女红（纺织、刺绣、缝纫等）事务。"一司"指宫正司，负责纠察后妃住所，责罚戒令事务。

◆ 故宫箭亭东侧的御茶膳房

尚"其他机构中女官的职责改由太监承担。

至清代，负责皇家饮食的机构发生了变化。提到清宫御膳，大家往往都会想到"御膳房"。起初，清代宫廷分设御茶房和御膳房，都归内务府管理，乾隆时合并为御茶膳房，编制共计三百人，负责皇帝和各宫饮食、祭祀的供品，还要承办节令宴席。御膳房就在养心殿南面，匾额上的"膳房"二字是圣祖康熙帝的御笔。膳房又分为内膳房、外膳房，坐落在养心殿南的这一间是专为皇帝服务的内膳房，相当于皇帝的"私厨"。

皇帝每天只吃两顿饭吗

清代皇室用膳的规矩极多。首先，皇帝每天只能吃两顿正餐，第一顿是早饭，早膳时间在卯正二刻（约早上六时三十分）；第二顿是午饭，午膳时间在午正二刻（约中午十二时三十分）；如果还需在申时、酉时

(约下午三时至六时)或更晚的时间用膳，内廷要按要求临时准备。用膳的菜式也有严格而具体的规定。皇帝每次用膳的菜品多，为避免浪费，每次用膳后会把剩下的菜肴赏赐给身边的人，包括嫔妃、阿哥、公主及御前内务府、军机处、南书房入直大臣等。

给皇帝上菜也有规矩，送上的菜肴要经过三次严格的"安检"。第一次检验发生在备菜阶段，原料在经过择、选、拣、挑、洗、刷等准备工序后，要由笔帖式检验合格，才能交给配菜人员。第二次检验是在配菜阶段，配菜同样要经过割、切、剁、片等多道工序，再交由另一名笔帖式检验，合格之后，方可传膳。每道菜品上桌前，还要经过第三次"安检"。端上桌的每只菜碟都有试毒的银牌。上菜之前，会有一名太监"尝膳"试毒。待到所有菜上齐，一名太监喊"打开碗盖"，其余的太监上前同时揭开所有菜碗的银盖，放入一只大盒子中。这时，皇帝才能开吃。

皇室成员的餐具也有"品级"，不同品级的皇室成员使用的餐具不同。溥仪回忆，他当时的用膳地点在养心殿东暖阁，用的是写有"万寿无疆"字样的明黄色龙纹瓷器；冬天则用银器，下托盛放热水的瓷罐。每只菜碟或菜碗都有银牌，是为防止下毒而设。

不管在何时、何地上菜，每道菜都要保证一定的温度，既不能太冷，也不能太热。溥杰夫人爱新觉罗·浩回忆：皇帝吃饭没有固定的地点，为了让菜肴保持一定的温度，御膳房一般会采用两种"预防措施"：一是制作一只临时"保温桶"，即准备一只大铁碗，把做好的菜肴放在铁碗里，再把两块加热好的铁板分别放在铁碗的上下两面。要传膳时，太监便把铁碗中的菜肴倒入瓷碗内。这样饭菜上桌的时候还是热腾腾的。二是提前备好小炉子，皇帝要在外用膳时可以随时热菜。上菜时，太监还要用手逐个试温，确认菜碗不凉不热，才能端上去。

皇家用膳还有一条颇为严苛的规矩：每道菜都不能多吃。据何荣儿

◉ 清代进膳用具

◉ 清代银荷叶式高足盘

◉ 红填漆宴桌

● 大宴桌

《宫女谈往录》记载：慈禧太后用膳时，四个穿着体面的太监会在一旁垂首侍膳。太后看向哪道菜，侍膳的太监便把这道菜挪至太后面前，用调羹舀进菜碟。如果太后尝后说一句"这道菜还不错"，侍膳的太监便会再往碟里舀一勺。但如果太后还想要第三匙，站在一旁的首领太监就会喊一声"撤"。此后，这道菜恐怕十天半月都不会出现了。清代皇室之所以制定这样的规矩，主要是为了让统治者懂得"有节制"的道理。另外，还有一层是出于安全考虑：减少每道菜的摄入量，可以减少中毒的风险。

二 · 皇家"特色菜"

老北京美食受清代饮食习惯影响较深，清代帝王才能享用的食材和烹饪方法，后来渐渐流传到了民间。各位皇帝也有自己的美食喜好，例如康熙帝爱烧烤野餐，乾隆帝亲自研发八珍糕，末代皇帝溥仪爱吃西餐……

木兰秋狝与烤鹿肉

康熙二十年（1681），康熙帝下旨在承德修建木兰围场。"木兰"在满语中是"哨鹿"的意思。"哨鹿"是一种打猎方法，通过模仿鹿鸣的方式去猎鹿。"哨鹿"要在每年秋天白露后进行，猎人一般头戴鹿皮帽，口衔长哨，极力模仿鹿求偶时的叫声，吸引鹿和其他动物。围场秋狝也相当于一次大规模的军事演习，每年皇帝要亲率内阁、六部、宗人府、亲王阿哥等数万人马开赴围场，蒙古、青海、四川、新疆等地的王公、台吉等也要轮班随从，沿途八百里旌旗蔽日，浩浩荡荡。

行军狩猎往往要持续数月，沿途吃饭大部分都是就地取材。木兰围场水草丰美，人烟稀少，密林中栖息着不少野生动物，虎、豹、狼、熊、野猪、猞猁、狐狸、狍、鹿、獐、黄羊、马鹿、野鸡、野兔等都是狩猎目标。康熙帝还曾在围场猎到香獐、白狍子、白熊、八叉巨鹿等奇珍异兽。

行围完毕进行一场野餐几乎已成定例。大获全胜的猎人们围着熊熊篝火，火上架着各种奇珍异兽，或熏或烤、或煎或烹、或蒸或煮，肉香扑鼻。猎手们一面痛饮美酒，一面大快朵颐，歌声、马头琴声、口笛声响彻夜空。野餐的高潮是皇帝亲自动手烤肉。传教士张诚曾回忆他伴驾康熙帝狩猎的旅程：康熙三十一年（1692）九月十六日，他随康熙帝于

◉ [清]佚名:《康熙南巡图》(局部)

天亮前起身,去猎捕公鹿。到吃早饭时,他们已经走了二十里路,又陆续走了约十里,才进入山区。在那里,康熙帝猎到一只五百多磅的公鹿。肝和臀肉被视为鹿肉的精华。下午二时许用晚膳时,康熙帝亲自上手收拾鹿肝,他的三个儿子、两个女婿都来帮忙。康熙帝教他们用鞑靼人的古法收拾鹿肝,兴致很高。吃饭时,康熙帝饶有兴致地烤鹿肝,将其片成片分给儿子、女婿和身边的大臣。张诚也有幸分到了一片当朝皇帝亲炙的鹿肝。

这一年康熙帝进行了三次围猎,猎到了三四十只公鹿和狍子。九月十九日下午有雨,他还和平常一样在野外烧烤,示范如何烤鹿肉,并把亲手烤好的鹿肉赐给张诚。

◆ [清] 郎世宁:《弘历哨鹿图》

行围过后将烤鹿肉赏赐给近臣，并非传教士特有的待遇，随驾的很多亲信大臣都有此殊荣。"清初六家"之一的查慎行曾随驾康熙帝巡幸热河，留有一部《陪猎笔记》，在笔记中他多次提到，康熙帝猎获巨鹿后，在野炊时将新鲜鹿肉、鹿茸等佳肴赏赐给随行大臣。获赏鹿肉在某种程度上是重臣身份的象征。据《燕京岁时记》记载，清代三品以上的官员每年腊月都会获赐鹿肉："每至十二月，分赏王大臣等狍鹿。届时由内务府知照，自行领取，三品以下不预也。"

乾隆帝与他的祖父一样，对木兰秋狝非常热心。据《清史稿》记载：一次秋狝中，他远远望见鹿群，便命人事先埋伏在群鹿经常出没的莽林间，还命一引鹿人头戴鹿首，身穿鹿衣，吹响鹿哨，引诱真鹿出现。引出鹿群后，他会亲自引弓搭箭，如果射中猎物，便当场饮新鲜鹿血："不唯益壮，亦以习劳也。"

● 回子式麋鹿皮甲

● 鹿角椅

●［清］郎世宁：《弘历射猎图》

乾隆帝亲配八珍糕

众所周知,乾隆帝喜食鸭子和燕窝,其实他还偏好一种叫"八珍糕"的甜点。八珍糕至少在明代就已经出现了。御医陈实功在《外科正宗》一书中记载了八珍糕的配方:"人参、山药、茯苓、芡实、莲肉(各六两),糯米(三升),粳米(七升),白糖霜(二斤半),白蜜(一斤)。将人参等五味各为细末,又将糯、粳米亦为粉,与上药末和匀,将白糖和蜜汤中炖化,随将粉药趁热和匀摊铺笼内,切成条糕蒸熟,火上烘干,瓷器密贮。"

在原有配方基础上,乾隆帝对其进行了改进❶:

    人参二钱、茯苓二两、山药二两、扁豆三两、薏米炒二两、芡实二两、建莲肉二两、粳米面四两、糯米面四两。

将上述食料磨成细面,加入白糖八两和匀,蒸熟后晾凉,每日随茶送来品用。

在乾隆帝的改进方案中,加入了扁豆、薏米,去掉了白蜜。这样的八珍糕既为食,又为药。从药理角度讲,人参可补脾益肺、生津养血,茯苓可健脾宁心、利水渗湿,山药可健脾益胃、恢复体力,扁豆可健脾和中、化湿消暑,薏米可利水消肿、健脾止泻,芡实可清肝明目、通利二便,建莲可养心安神、补脾止渴,粳米可促进消化、美容养颜,糯米补脾暖胃、补中益气。这个配方不热不寒,属于平和之品,可调理脾胃

---

❶ 见乾隆四十四年《驾行热河哨鹿节次膳底档》。

怯弱、养元气、开胃口。

乾隆帝在热河期间，早膳后有吃八珍糕的习惯。据清宫脉案及《用药底簿》记载，乾隆帝从改制八珍糕后便一直对这款糕点青睐有加，此后数十年间一直有吃八珍糕的习惯。

慈禧太后也钟爱这款八珍糕。据《清宫医案》记载：光绪六年（1880），时年四十五岁的慈禧太后因饮食不调，患上了泄泻之症。御医李德立采用与乾隆版"八珍糕"相似的药方，治好了太后的疾症。此药香甜可口，药气极淡，此后直至晚年，慈禧太后养成了服食八珍糕的习惯，从未间断过。

慈禧太后的菊花火锅

火锅曾是风靡清宫的冬令美食，很受帝后们青睐。何荣儿在《宫女谈往录》中写道：清代宫廷的火锅吃法与东北的习惯基本相同，"将酸菜、血肠、白肉、白片鸡、切肚混在一起"。每年自十月十五日起，在长达三个月的冬令饮食中，火锅是每餐必备的菜式。

乾隆帝很爱吃火锅，冬天有时顿顿离不开它。据故宫博物院留藏的膳档记载：有天乾隆帝吃了三顿饭，竟然每顿都有好几种火锅。早饭吃了燕窝红白鸭子八仙热锅、葱椒鸭子热锅、炒鸡丝炖海带丝热锅；上午在乾清宫大摆筵宴，一口气款待一千多位宗室，大设火锅席五百三十桌，不仅涮现在常见的羊肉片、鸡肉片，还有狍肉片。那日的晚饭也有几道火锅，包括燕窝鸡糕酒炖鸭子热锅、炒鸡大炒肉炖酸菜热锅、红白鸭子炖杂烩热锅等。

清代宫廷筵宴规模最大的千叟宴主菜也是火锅。千叟宴为康熙帝首创，宴请的基本都是六十岁以上的朝廷命官，规模极为盛大。为了保证端上来的餐食都是热腾腾的，火锅就成了很好的选择。清人杨米人在《都门竹枝词》中描写过千叟宴的盛况："锡暖锅儿三百三，高汤添满好加餐。馆中叫个描金盒，不比人家请客难。"《清会典》中有据可查的嘉庆元年（1796）正月千叟宴，入席者达八千余人，每桌的主菜仍然是火锅。

不仅如此，清代帝后还有"独创"的火锅吃法，比如嗜菊如命的慈禧太后就发明了一种"菊花火锅"。

据曾担任过御前女官的德龄回忆："菊花火锅"涮的主要是剔骨鲜鱼片以及鸡肉、活虾、猪肚等，汤底用原汁鸡汤或其他肉汤，秘方在于鲜"雪球"。"雪球"就是花瓣又短又密的白菊花。吃火锅前，要先择取新鲜"雪球"，摘去焦黄、脏污的花瓣，将剩下的花在温水中浸泡一二十分钟，再在稀释的矾水中漂净，捞出放在竹篮里沥净。接着调制汤锅。御膳房会准备一具银质小暖锅，在里

◉ 咸丰款蓝地粉彩缠枝莲纹火锅

◉ 掐丝珐琅花卉纹火锅

◉ 画珐琅喜字花卉纹火锅

面加上大半锅原汁高汤，要汤清似水，鲜而不腻，放在一张比茶几略大的特质餐桌上，这张桌子就是吃火锅的"专用桌"，桌面中央有预留好的圆洞。这种火锅不是即时加热的，所以特质暖锅的盖子很紧，太后吃火锅时，侍膳太监便揭开锅盖，待慈禧太后亲自将肉片放入锅内后，再将盖子盖上。五六分钟后，待锅中肉已烫熟，太监再次揭盖，太后取一些菊花瓣撒入锅内，稍焖片刻，这回方可入口。在鲜汤里烫熟的新鲜鱼肉夹杂着扑鼻的菊花香，鲜甜清爽。德龄说，慈禧每次吃菊花火锅前都十分兴奋，"像一个乡下人快要去赴席的情形一样"，放菊花时，"总得不住口地指挥着……吃得高兴，往往会空口吃下许多去"。

故宫博物院珍藏有大量清代火锅，材质多样，造型丰富，纹饰精美。比如慈禧太后用过的银"寿"字火锅。锅外圈口径24厘米，总高27厘

● 光绪款寿字银质火锅

● 团花形带盖银火锅

● 锡"万福万寿"字火锅

米，锅体下方带炉，可以烧炭。锅盖、锅体侧面周圈均雕刻有圆形或长方形的镀金"寿"字，并刻有蝙蝠纹，寓意"福寿延绵"。还有一件精美的团花形带盖银火锅，口径41厘米，高37厘米，火锅底部的炉盘组成一个镂空的"寿"字，锅体支架由六条直立的夔龙造型组成，极具艺术美感。火锅内部被分成"七宫格"，可涮不同口味的食物。锅体侧面满雕各种花卉纹和回字纹，盖面细刻了福星瑞兽及团花纹，极其精美奢华。

溥仪吃西餐

受英文老师庄士敦的影响，末代皇帝溥仪对西餐非常感兴趣，甚至还作过一首吃西餐的打油诗："明日为我备西菜，牛肉扒来炖白菜。小肉卷来烤黄麦，葡萄美酒不要坏。你旁看，我吃菜，一旁馋坏了洪兰泰。口中涎，七尺长，一直流到东长廊。我大笑，把肉藏，藏在屉内满屋香。"

溥仪看起来像个西餐"发烧友"，但其实他第一次吃西餐时，对这种"洋饭"并不感冒。他在《我的前半生》中回忆过当时的情形：某天，自己决心"一尝异味"，于是派太监去当时的六国饭店买西餐。店员听说"皇上"要吃西餐，忙问要买几份。办差的太监只好含混着说："反正多拿吧？"结果，刀、叉、盆、碟加上各色食材，连同厨师一并被"打包"带进了宫中。六国饭店的大师傅就在"御膳房"的炉灶上一口气做了十几道菜。饭店的人还想进宫去布设刀叉和餐桌，却没有这份"光荣"，太监们把做好的菜和汤一盆一盆地搬上了桌。溥仪看着眼前"黏糊糊、黄澄澄"的黄油，"干巴巴、异味扑鼻"的"忌斯"（奶酪），也有点不敢下口，只让太监们先试吃。太监们硬着头皮各尝了一口"洋饭"，不是皱起脸，就是紧锁双眉，纷纷表示味道太难吃了。那天的餐桌上还

◆ 丽景轩内的西式餐桌与餐具

有一道乌龟汤，溥仪更是完全不敢尝试。就这样，他"破题第一遭"的"西餐初体验"，就以仅尝了几口而告终，剩下的十几道菜都让太监们吃了。

尽管第一次尝试并不愉快，溥仪本人还是很喜欢西餐。不久，他下令大规模裁撤内务府编制，御膳房的厨师由原先的二百人缩减到三十七人，在这种情况下，却还特别增设了"番菜膳房"，专门做西餐用。1922年的整个七月，溥仪每天都要吃"番菜"，几乎天天不重样，从煮得极烂的山豆泥子、鲜嫩的花叶生菜，到烤羊排、烤猪排，冷热荤素无所不有，佐餐当然也少不了咖啡。为配合厨师做西餐，番菜膳房还一次性购置了银餐刀、叉、勺、冰激凌桶、咖啡壶等洋餐具，并去江西景德镇特地定制了一套白地紫龙纹的西餐具，包括汤盆、盘、碗等四十余种。

储秀宫后殿的丽景轩，曾是溥仪举办西餐宴会的场所。如今，宫内仍原状陈列着当时西式风格的餐桌和餐具。

皇家年夜饭

平日里，皇帝和后妃、皇子都在自己的居所吃饭，到了新年，皇家少不得要举办家宴，一起热闹热闹。有意思的是，即使是"团圆家宴"，竟然也是分开进行的，皇帝要与男眷、女眷分开吃年夜饭。

按清宫惯例，皇帝一般会在春节前夕的下午与女眷共享年夜宴，正月初一下午与男眷举行新年宴。这两场家宴都在乾清宫举行。男女不同席、分开家宴是出于封建礼制的约束。清宫规矩，妃嫔们在五十岁之前亦不能与非亲生皇子见面，即使在新年这种阖家团圆的场合，年长的皇子也不能和非生身嫔妃接触。

这两场家宴的流程和仪制大同小异。一般来说，都是皇帝在宝座前专设一桌，受邀赴宴的人在宝座东西分坐，按品级高低依次入座。皇帝宝座前的是金龙大宴桌，由远及近依次摆放九排膳点，每排有八到十种不等。宴桌与宝座之间还有一张长几，

● 白铜镀银螺钿柄餐刀、餐叉

● 白釉画花镶银餐杯

● 白釉画花镶银单把椭圆缸

这才是皇帝的"餐桌"。宴席开始后，有专门侍膳的太监把菜依次放到长几上。

皇家的年夜饭有多丰盛？前八排由远及近依次是水果点心、干果蜜饯、冷荤、热荤，离皇帝最近的一排东西两侧各放四份干果蜜饯果盅，桌上还有米面点心、酱菜等，足有百余样，可摆满满一桌。

宫廷"年夜饭"的餐桌上都有什么菜？让我们来看一份乾隆四十八年（1783）皇帝与后妃们的年夜饭膳单：

第一排：铜镀金松棚果罩四座，盛放苹果、佛手、柑橘等水果四种；两边花瓶各一个，花瓶间有铜胎掐丝珐琅盘五只，盛放到口酥、荔枝饼、枣糕、芝麻糕、澄沙红桃等点心五种，共计九种。

第二、三排各有铜胎掐丝珐琅碗九只，各盛放挂炉肉、五花肉、盐水鸡、羊乌叉、饷肠子等冷荤九种；膳点计十八种。

第四排有剔红漆飞龙宴盒两个，各盛放干果或蜜饯十种，如蜜佛手、蜜杨梅、蜜樱桃、苹果干、葡萄干、香瓜干等；铜胎掐丝珐琅碗四个，盛放苏糕、鲍螺（螺形的奶酪）等膳食四种；膳点计二十四种。

第五、六排各有铜胎掐丝珐琅碗十个，各盛放羊肉片、羊乌叉、羊肝、挂炉鸭子、挂炉肉等冷膳十种；膳点计二十种。

第七、八排各有铜胎掐丝珐琅碗十个，各盛放燕窝糟笋脍鸭子、莲子八宝鸭子、炒狍肉、莲子蘑菇炖鸡、东坡肉等热膳十种；膳点计二十种。

第九排为靠近皇帝的位置，东西两侧摆搪手果盅八份，每边四份，盛放干果、蜜饯等食品；东侧还有奶制品、小点心、炉食各一盘，南小菜、清酱各一碟，另有金匙金叉；西侧还有敖尔布哈（一种满族油炸面食）、鸡肉馅包子、米面点心各一盘，酱两样小菜、水贝瓮菜各一碟，另有羹匙金筷；膳点计十种。

○ 乾清宫家宴

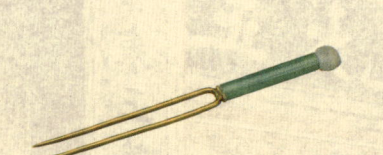

◆ 金镶玉柄果叉

◆ 青玉镶金羹匙、金筷

◆ 铜胎掐丝珐琅云蝠开光花果纹盘

◆ 铜镀金松棚果罩

◆ 铜胎掐丝珐琅万寿无疆碗

◆ 雕漆飞龙宴盒

妃嫔们的宴桌上没有皇帝那么多菜，每桌有冷荤五种，各类冷、热菜十五种，点心四碗，银碟小菜四碟，一共二十八道菜。

按照品阶，妃嫔们使用的餐具也有严格的讲究。五种冷荤统一用绿地紫龙碗盛放。其他冷热菜按嫔妃等级不同，使用不同仪制的餐具：贵妃、妃位用黄地绿彩云龙纹碗，嫔、贵人用白釉外酱釉碗，贵人、常在用里外酱色碗。

皇家年夜饭的规矩多，不能随随便便吃喝。开宴前，妃嫔们向乾隆帝行礼入座后，先进入汤膳环节。在清乐声中，侍膳太监先用对盒给皇帝进汤膳，一般要上两盒四种，取"成双成对"的好意头。清宫汤膳喜用鸭子，比如红白鸭子大菜汤膳、鸭子鸭腰汤，盛在雕漆飞龙宴盒里，进呈到皇帝面前。给妃嫔们进汤不用对盒，一般是用位分碗，上两种汤，比如粳米膳、羊肉卧蛋粉汤等。但这时还不能喝（转宴时再喝），因为前菜还没上完。进汤膳之后是进奶茶环节，由内廷总管请一杯奶茶，跪

● 故宫博物院"丹宸永固——紫禁城建成六百年"展览中展出的长几

进给皇帝。皇帝饮完，总管再给诸妃嫔进茶，与此同时，戏班开始演迎春大戏。

　　这时还不能动筷，要先由皇帝"转宴"。所谓"转宴"，就是把御桌上的菜依次送到皇帝面前，先请皇帝"开吃"。之后再按照桌位顺序，把菜送到下面，这便是皇家所谓的全家"共享美味"了。一般是先转汤膳，再转小菜、点心，然后是各种冷热膳、捶手果盅、苏糕、鲍螺、高头松棚果罩等。当皇帝大宴桌的头对盒转完，开始转二对盒时，就可以给嫔妃们转宴了。这时，大家才算可以"开吃"。

　　转宴之后，这些菜就要被撤下，宴桌上重新摆上五路酒膳，每路八品，共四十品，装在五对盒里，荤菜和果子五五开，妃嫔桌上的酒膳是十五品。酒宴开始要由首领太监领众人向皇帝叩首进酒，待这一杯喝完，首领太监向皇帝进看杯酒。皇帝举杯敬了这杯酒后，皇家酒宴就可以正式开始了。这场酒宴的主题，就是在座的妃嫔亲眷们向皇帝敬酒谢

● 铜镀金双龙纽云龙纹编钟

○ 戏竹　　　　　　　　　　　○ 斗笙

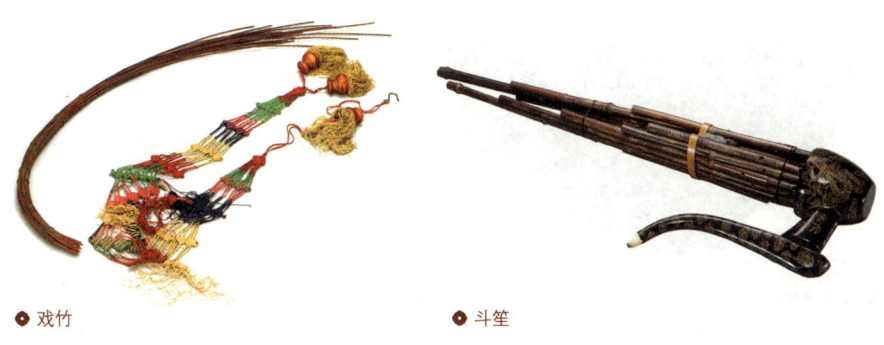

恩。酒宴之后，再喝一杯消食的果茶，这顿"团圆饭"就差不多到了尾声。这种礼节繁缛的场合大家当然吃不饱，散席之后，皇帝会将吃剩的宴席分赐王公大臣，以表亲近。

如此盛大的皇家年夜饭到底有多少道菜呢？通过对乾隆"团圆饭"膳单的整理发现，新年家宴端到皇帝桌上的菜肴至少有一百五十三种，妃嫔每桌至少有四十五种，参加宴会的人数又这样多，皇家一顿新年家宴的奢侈程度着实令人惊叹。

如此盛大的场合当然也少不了宴乐。清宫家宴演奏的一般都是《海宇升平》《万象清宁》《玉殿云开》《雍平之章》之类歌功颂德、四海升平的宫廷雅乐，韵律平缓严肃，是为"中和韶乐"。这种宫廷音乐的演奏乐器少不了编钟、镈钟、编磬、特磬等金石之声，还会有埙、建鼓、柎、琴、瑟、柷、敔、笙、笛、箫、篪、排箫等。

◆ 绿地紫龙碗

◆ 黄地绿彩云龙纹碗

◆ 里外酱色碗

◆ 白釉外酱釉碗

皇帝的膳单

朱元璋的一日膳单：

早膳：炒羊肉、煎烂拖齑鹅、猪肉炒黄菜、素熇插清汁、蒸猪蹄肚、两熟煎鲜鱼、炉爆肉、笋子面、撺鸡软脱汤、香米饭、豆汤、泡茶。

午膳：胡椒醋鲜虾、烧鹅、爒羊头蹄、鹅肉巴子、咸豉芥末羊肚盘、蒜醋白血汤、五味蒸鸡、元汁羊骨头、糊辣醋腰子、蒸鲜鱼、五味蒸面筋、羊肉水晶饺儿、丝鹅粉汤、三鲜汤、绿豆棋子面、椒末羊肉、香米饭、蒜酪、豆汤、泡茶。

《南京光禄寺志》所载永乐帝朱棣的晚膳膳单：

按酒四品、爒羊肉、清蒸鸡、椒醋鹅、烧猪肉、猪肉撺汤；饭用鹅一只、鸡三只、羊肉五斤、猪肉五斤、白粳米二斗、茶食九斤、香油饼九十片；砂馅小馒头用白面四斤、砂糖八两、赤豆一升，雪梨鲜菱并二十斤。

《明宫史》所载明代宫廷节令膳单：

正月：初一日，饮椒柏酒，吃水点心，即"扁食"；柿饼、荔枝、圆眼、栗子、熟枣共装盛在一盒子内，称为"百事大吉盒儿"；吃小盒装的驴头肉，称为"嚼鬼"。

立春之日，嚼萝卜，曰"咬春"；互相请宴，吃春饼和菜。

初七日为"人日"，吃春饼和菜。

初九日之后，吃元宵；其制法为糯米细面，内用核桃仁、白糖为果馅，洒水滚成，如核桃大。

正月十五元宵节时，可见多种食物：冬笋、银鱼、鸽蛋、麻辣活兔，塞外之黄鼠、半翅鹖鸡，江南之密罗柑、凤尾橘、漳州橘、橄榄、小金橘、风菱、脆藕、西山之苹果、软籽石榴之属，水下活虾之类，不可胜计。本地则烧鹅鸡鸭、猪肉、冷片羊尾、爆炒羊肚、猪灌肠、大小套肠、带油腰子、羊双肠、猪脊肉、黄颡管儿、脆团子、烧笋鹅鸡、炸鱼、柳蒸煎烩鱼、卤煮鹌鹑、鸡醢汤、米烂汤、八宝攒汤、羊肉猪肉包、枣泥卷、糊油蒸饼、乳饼、奶皮。素蔬则滇南之鸡㙡，五台之天花羊肚菜、鸡腿银盘等麻菇，东海之石花海白菜、龙须、海带、鹿角、紫菜，江南乌笋、糟笋、香蕈，辽东之松子、苏北之黄花、金针，都中之土药、土豆，南都之苔菜，武当之鹰嘴笋、黄精、黑精，北山之榛、栗、梨、枣、核桃、黄连茶、木兰芽、蕨菜、蔓菁，等等。

下雪之日，吃炙羊肉、羊肉包、浑酒、牛乳。天启帝最喜欢吃炙蛤蜊、炒鲜虾、田鸡腿及笋鸡脯；又海参、鳆鱼、鲨鱼筋、肥鸡、猪蹄筋共烩一处，天启帝常吃此菜。

二月：初二日，用黍面枣糕，以油煎之；或用面和稀摊为煎饼，名曰"薰虫"；食河豚，饮芦芽汤，以解其热；吃鲊，名曰"桃花鲊"。

三月：二十八日，皇帝去东岳庙进香，吃烧笋鹅、吃凉饼、糯米面蒸熟加糖碎芝麻（糍巴）、雄猪腰子。

四月：初八日，吃"不落夹"，即用苇叶方包糯米，长三至四寸，宽一寸，味道与粽子相似；吃笋鸡、白煮猪肉；又以各样精肥肉，姜、蒜剁如豆大，拌饭，以莴苣大叶裹食之，名曰"包儿饭"。二十八日，药王庙进香，喝白酒、冰水酪，取新麦穗煮熟，剁去芒壳，磨成细条食之，名曰"稔转"，以尝此岁五谷新味之始也。

五月：初五日，饮掺有朱砂、雄黄、菖蒲的酒，吃粽子，吃加蒜过水面，吃"长命菜"（马齿苋）。

六月：初六日，吃过水面，嚼"银苗菜"，即藕之新嫩秧；皇帝爱喝鲜莲子汤，吃盐焗鲜西瓜子。

七月：吃鲥鱼。

八月：中秋吃月饼；吃螃蟹，蘸醋蒜以佐酒；喝苏叶汤。

九月：吃花糕，吃迎霜麻辣兔，饮菊花酒。

十月：吃羊肉、爆炒羊肚、麻辣兔、虎眼（一种糖制食品）；吃牛乳、乳饼、奶皮、奶窝、酥糕、鲍螺，直至第二年二月；吃牛、驴、羊的补肾之物等。

十一月：吃糟腌猪蹄尾、鹅脆掌、羊肉包、扁食、馄饨，以为阳生之义；吃冬笋；每日清晨吃辣汤，吃生炒肉、饮浑酒以御寒。

十二月：吃灌肠、吃油渣卤煮猪头、烩羊头、爆炒羊肚、炸铁脚小雀加鸡子、清蒸牛白、酒糟蚶、糟蟹、炸银鱼等鱼、醋熘鲜鲫鱼鲤鱼；吃"腊八粥"，先期数日将红枣槌破泡汤，至初八早，加粳米、白米、核桃仁、菱米煮粥食用。

乾隆帝一日膳单 ❶：

早膳（辰初二刻，约早晨7：30）：冰糖炖燕窝一品、燕窝红白鸭子南鲜热锅一品、燕窝拆鸭拆肉一品（宋元做）、羊肉片一品、蒸肥鸡糊猪肉攒盘一品、蜂糕一品、孙泥额芬白糕一品、竹节饹小馒头一品、银葵花盒小菜一品、银碟小菜四品、野鸡爪一品（系昨日收的）、羊肉片汤粳米糜子米膳一品、金银豆腐片汤、额食二桌、

---

❶ 中国第一历史档案馆编：《清宫御膳（第一册）》，杭州：华宝斋书社，2001年版。

奶子二品、饽饽十二品十四品一桌、炉食四品、盘肉四品八品一桌。皇帝用膳后，赏皇后南鲜热锅一品，赏令贵妃拆鸭拆肉一品，赏庆妃攒盘肉一品，赏容嫔羊肉片一品。

晚膳（未正，约下午2时）：酒炖羊肉一品、肥鸡油煸白菜一品（张成做）、豆豉炒豆腐一品、挂炉鸭子烧狍肉攒盘一品、象眼棋饼小馒头一品、猪肉青韭馅炸盒子一品、银葵花盒小菜一品、银碟小菜四品、鸡肉打卤过水面一品（系苏州厨役做）、老米水膳一品、燕窝攒丝汤、额食三桌、其余菜二品、奶子四品、饽饽十品十六品一桌、饽饽五品、炉食六品十一品一桌、盘肉八品一桌。另庆妃进菜四品、安膳桌二品、饽饽二品、普福进饷鸭子一品、燕窝把一品。皇帝用膳后，赏皇后油煸白菜一品，赏令贵妃过水面一品，赏庆妃饷鸭子一品，赏容嫔炖羊肉一品。

晚晌伺候（加餐）：酸辣羊肚一品、燕窝拌鸭丝一品、炒鲜虾一品（宋元做）、梨丝拌蕻茉菜一品、野鸡爪一品（收的）。皇帝用膳后，赏皇后酸辣羊肚一品，赏令贵妃燕窝拌鸭丝一品，赏庆妃炒鲜虾一品，赏容嫔拌蕻茉菜一品，赏普福家厨张成、宋元、张东官每人一两重银锞两个。

承德市复原的"乾隆食谱"：

"燕窝红白鸭子南鲜热锅"

原料：水发燕菜250克，口蘑100克，熟红鸭250克，熟白鸭250克，冬笋100克，海米100克，香油10克，清汤750克，三椒油5克，精盐、味精、料酒、花椒水、白糖各适量。

做法：燕菜用沸水焯过，红白鸭切成条块，冬笋、口蘑切片。炒锅上火添清汤，下海米、口蘑、冬笋，加盐、味精、料酒、花椒水调味。待锅沸，撇去浮泡，下燕菜，用文火煨炖两分钟。将燕菜捞出，下红白鸭条，反复烧沸二次出勺，倒在砂锅里，上盖燕菜即可。

"燕窝烩糟鸭子"

原料：水发燕菜250克，熟嫩鸭500克，口蘑50克，清汤1500克，花生油750克（实耗75克），香油5克，盐5克，味精3克，料酒6克，白糖5克，糟汁5克，葱20克，毛姜水25克，水淀粉10克。

做法：将水发燕菜洗净，用沸水氽一下。炒勺上火添清汤，汤沸，加盐、味精、料酒、毛姜水，撇去浮沫，下燕菜，用小火煨两分钟。另起锅加油，将经腌渍的鸭条下锅炸一下捞出。炒锅加底油，用葱段烹锅，添清汤，加盐、味精、料酒、糟汁，锅沸，撇取浮沫，下鸭块烧两分钟，勾芡，淋上香油，出勺装盘后，把燕菜撒在上面即成。

主食"饽饽"

原料：江米（或黄米）2500克，面肥50克，小豆泥、糖各适量。

做法：将江米用水浸泡后，上水磨，磨成浆，倒入布袋内，挤净水分，取其水干面，和入面肥，使之发酵（勿过酸）。取豆泥和糖搅匀。成形时，手沾水取面（避免手沾面），包入馅即成坯，码于铺有湿布的案板上，再用手将其团拍成圆锥形。锅加油烧至八成热，取饽饽坯轻轻入锅炸制，并用筷子拨动使之膨起，再翻面炸至呈金黄色即可。

三 • 皇帝的"茶缘"

明清宫廷中至少出现过上百种茶。哪些茶曾入宫成为贡茶，宫中盛行喝什么茶，明清皇帝与茶又有什么样的渊源呢？

明代皇帝爱喝什么茶

宋元时期，入宫的贡茶多为"龙凤团茶"。所谓"龙凤团茶"，就是经过蒸、榨、研、压、晾、烘等多道工序后制成的茶饼，因在上面绘制龙凤花纹而得名。朱元璋称帝后，认为龙凤团茶制作工序复杂，劳民伤财，便下诏废除了这一传统。自此，茶户在采摘茶芽后，无需经过复杂的制作工序，便可直接以散茶进贡。这样做不仅减轻了百姓负担，而且使得各地的散茶佳品有机会进入宫廷。

明朝皇帝爱喝武夷岩茶。明太祖朱元璋首先"盖章认证"，为武夷的散茶正名："岁贡皆有定额，而建宁（武夷山）茶品为上。"他还把武夷茶分为探春、先春、次春、紫笋四品。清人陆廷灿《续茶经》引王草堂《茶说》，对武夷茶的分类做了界定：自谷雨至立夏间采的茶为"头春"；

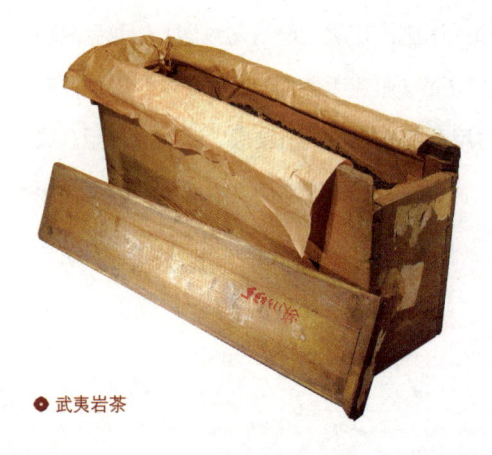

◉ 武夷岩茶

此后二十天左右再采的茶为"二春";再二十天采的茶为"三春";夏末秋初还有一次采摘,此时的茶为"秋露"。头春茶外形粗壮、滋味浓厚;二春、三春茶逐渐变细,滋味也逐渐变淡;秋露茶香味浓、味道佳,但为来年收成计,这时又不宜多采。

武夷茶树生长在岩缝之间,味清而韵厚,深受明朝历代皇帝的推崇。据《明史》记载,明洪武年间武夷山茶年贡一千六百余斤;到隆庆初年,年贡已增至两千三百余斤。至明中期,武夷岩茶仍是宫廷用茶的主要品种。据《大明会典》记载,明弘治年间规定,全国各地每年进贡的芽茶总额为四千斤,其中仅武夷岩茶就占两千三百五十斤,以建安县和崇安县的先春茶和次春茶为最,珍贵的探春茶次之。

因茶获罪的驸马

明朝还有一位因为茶丢了性命的驸马,他便是朱元璋次女安庆公主的夫君欧阳伦。明朝立国后便有"茶马之禁"。因为茶叶利润高,政府将茶叶定为官营,作为与游牧民族进行交易、换取马匹的重要物资,不允许商人私自贩卖茶叶。但因为贩茶利润丰厚,仍有一些官员和商人置禁令于不顾,冒险将内地茶叶走私贩卖至藏蒙地区。

欧阳伦仗着驸马身份,向陕西布政司索要五十辆马车,在陕西一带大摇大摆地走私贩茶。他派出去的办差家丁还对巡检司官吏又打又骂。当地官吏忍无可忍,于是向朝廷告发。朱元璋曾明确规定:"以私茶出者罪死,虽勋戚无贷。"他得知此事后,毫不留情地下令处死欧阳伦和主事家丁,问责了给欧阳伦提供车马的陕西布政司,对告发欧阳伦的兰县河桥巡检司官吏进行了奖掖。

● 碧螺春茶

康熙帝亲自定名"碧螺春"

碧螺春是我国传统名茶,产于江苏省苏州市洞庭山一带,因而又称"洞庭碧螺春"。碧螺春一般要在清明之前采摘,属于社前茶,此时的茶叶细嫩又珍贵。在洞庭山当地人的发音中,"社"与"寿"有时混在一起,因此碧螺春又被称为"寿茶"。历史上,这种茶之所以得名"碧螺春",是与康熙帝的厚爱有关。

据清人顾禄《清嘉录》记载:洞庭山当地人每年都要背着筐篓,上山去采茶。康熙年间,一位采茶人觉得采的茶叶实在太多,背篓都盛满了,便把装不下的茶叶搂在怀里。不料茶叶经人的体温一捂,散发出异香,香气直叫采茶人连呼"吓杀人"❶。从此,这种茶便被当地人称为"吓杀人香"茶,无论男女老幼,采茶时都不再带箩筐,而是在出发前沐浴更衣,把采到的茶叶置于怀中。其中有个叫朱正元的人,制作的"吓杀人香"茶尤为精细。康熙三十八年(1699)春,康熙帝南巡时来到太湖地区,巡抚宋荦把朱正元的"吓杀人香"茶进贡给皇帝。康熙帝喝过后

---

❶ "吓杀人"在吴中方言里意为"吓死老子了"。

赞不绝口，忙问此茶何名，得知这样清雅的好茶竟有个如此"不雅"的名字，便赐此茶名为"碧螺春"，并且御笔亲题了这三个字。

雍正帝因茶"设府"

清胃生津、降脂解腻的普洱茶也深受清代皇室欢迎。早在康熙年间，普洱茶就作为贡茶进入皇宫。到了雍正年间，因为雍正帝喜欢喝普洱茶，还特意下令在普洱茶产区专设一府。普洱府的设立，对普洱茶在清代的流行起到了重要的推动作用。

雍正帝在清朝皇帝中是出了名的勤政，经常批谕到深夜。为了给爱熬夜的皇帝提神，云贵总督鄂尔泰特意进贡了普洱茶。沏得酽酽的普洱茶让熬了一天、精神疲惫的雍正帝神清气爽，从此他对这种产自边陲的茶刮目相看，对普洱茶的产地也格外重视起来。

清初，吴三桂平定云南，将普洱、思茅等十三地整编为十三版纳，统归元江府管辖，普洱被称为"元江府普

● 普洱茶团

● 次中型普洱茶团

● 普洱茶团

洱山"。为了方便管理普洱茶的供销，雍正帝提升了普洱地区的行政级别。雍正七年（1729），雍正帝谕令撤销元江地区的通判，增设普洱府，管辖六大茶山、橄榄坝及江内六版纳等地。设置普洱府之后，雍正帝又命云贵总督鄂尔泰总揽普洱茶贸易，在思茅设立总茶店，由通判亲自主持，垄断当地的普洱茶交易，保证当地能满足普洱茶的进贡需求。为博取雍正帝欢心，鄂尔泰推行"茶芽上进"，每年选取最好的普洱茶，在茶饼上印"鄂尔泰"字样，通过马帮运进宫里。

清代皇室也是"奶茶控"

现代人爱喝的奶茶，在清代宫廷中同样流行。清宫饮奶茶的传统主要保留了满蒙关外的习惯。不过此茶非彼茶，清代皇室爱喝的奶茶都是咸口，用牛乳、黄茶、青盐和玉泉山的水熬制，色如咖啡，奶香浓郁醇厚，不仅可解油腻、去腥膻，还能驱寒暖腹，是清代宫廷很受青睐的日常饮品。

皇家奶茶所用的原料都是"高配"。先说煮茶用的水。乾隆帝认为好水的标准是"轻为贵"，所以专门制作了称水的银斗，用来给各地的泉水称重，最终每斗只重一两的玉泉山水拔得头筹，被乾隆帝封为"天下第一泉"，从此成为皇家饮用水的"钦定产品"，日用饮水、煮茶都用玉泉山的水。再说奶茶所用的黄茶。清宫用的黄茶主要产自浙江，黄茶的加工方式和绿茶差不多，只不过要在干燥过程中，制造湿热的环境将茶"闷黄"。闷黄的茶不仅茶叶色泽青黄，冲泡的茶汤也有金黄的颜色，与绿茶相比，滋味更加醇和，能提神醒脑、消食化滞。皇家奶茶用的牛奶也有讲究，宫中上至太皇太后，下至皇子福晋，日供牛乳均有定量，调制奶茶、制作各类点心所需的牛奶量都计入其中。衡量标准不是按

◆［清］郎世宁等：《乾隆皇帝围猎聚餐图》

容量多少升、多少杯、多少桶来计算，而是按奶牛的头数。如皇帝每日例用乳牛六十头，每头牛每天交乳二斤，共一百二十斤；又"每日泉水十二罐、乳油一斤、茶叶七十五包（每包二两）"；皇后例用乳牛二十五头，每天共得乳五十斤，日用玉泉水十二罐，茶叶十包；皇后以下，贵妃四头，妃三头，嫔二头，其他人也各有定额。

清代皇家的各种典礼筵宴上几乎都有赐奶茶的环节，比如经筵讲书、新年家宴、迎送出征大将军、招待使臣、迎送下嫁外藩公主等。日常饮食中也常以奶茶佐餐，如乾隆帝吃八珍糕时，常配奶茶共进。何荣儿回忆慈禧太后进早膳时，常在"吸了两管烟后"喝奶茶。煮茶就在就近的储秀宫小茶炉，方便随喝随煮。

清宫中的奶茶杯是什么样的？乾隆帝有一首写和田白玉碗的咏物诗，提到过日常会用色如羊脂的玉碗盛奶茶："酪浆煮牛乳，玉碗拟羊

● 清郎世宁等《乾隆皇帝围猎聚餐图》中的多穆壶

脂。御殿威仪赞，赐茶恩惠施。"故宫博物院珍藏着这只乾隆题咏过的白玉镶宝石奶茶碗，洁白的和田玉碗外壁上，镶有一百零八颗打磨成花瓣形的红宝石，宝石周围和碗底都有描金花叶，描绘出梅花盛开的模样。那首御制诗就刻在碗的内壁上。

故宫的藏品中还有一种具有民族特色的奶茶壶，名叫多穆壶。"多穆"在蒙古语中指"盛奶茶的桶"或"奶茶壶"，在藏语中则是"盛装酥油茶的桶"之意，这种壶从元代起就开始流行。清人亦以此盛装奶茶。乾隆年间，宫廷曾以多种工艺和材质仿制，并在装饰上融入皇家特点，兼具粗犷和柔美。如乾隆款掐丝珐琅缠枝莲纹嵌石多穆壶，高53.4厘米，口径10.4厘米，足径14厘米。壶呈圆筒形状，僧帽口，龙吞式的柄和壶嘴，盖顶嵌珊瑚珠为纽。壶在蓝色地上饰多色的缠枝花卉纹，花朵大小有别，排列有序。在錾刻鎏金的口沿、横箍和底座上嵌有多色宝石，整体流光溢彩、富丽堂皇。足上嵌长方形铜鎏金片，上阴刻"大清乾隆年制"楷书款。在大型庆典、筵宴上，清宫制作的多穆壶用以款待或赏赐蒙古王公和西藏高僧。此时，融合了多民族生活特色、文化沉淀的多穆壶成为重

● 银多穆壶

● 乾隆款掐丝珐琅勾莲纹嵌石多穆壶

消暑"仙茶"与代茶饮

到了夏季,宫中流行什么样的消暑茶呢?明清宫廷中喝得比较多的是清爽的龙井、解腻的普洱等。据清宫档案记载,夏季消耗得比较多的贡茶中,还有一种"仙茶"。

所谓仙茶,是指产自四川雅安的蒙顶黄芽。清人赵懿《蒙顶茶说》中有云,这种茶"叶细而长,味甘而清,色黄而碧,酌杯中,香云蒙覆其上,凝结不散,以其异,谓曰仙茶",很适合夏季饮用。进贡仙茶往

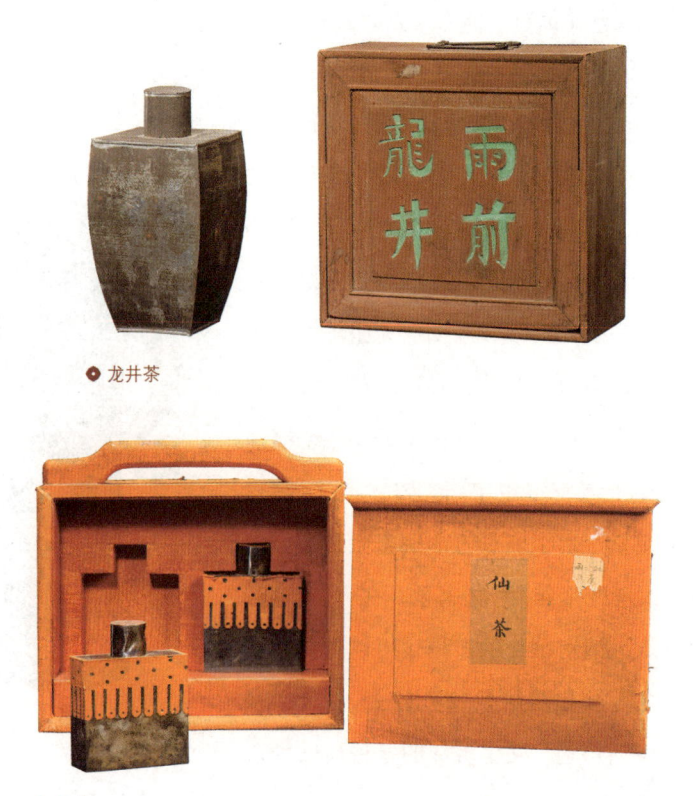

◦ 龙井茶

◦ 仙茶

往在七八月间，消耗量比较大。

清代宫廷中还有一种特殊的消暑茶——代茶饮。所谓"代茶饮"，是用中药与茶叶混合冲泡，或直接用中药代茶煎泡。清代脉案中有不少实用的代茶饮方子，此处抄录两则：

慈禧太后祛暑清热代茶饮

辨证：肝火胃火，暑邪湿热，头晕心烦、面赤气粗、自汗神倦。

药方：金银花三钱、白扁豆四钱、竹叶卷心二钱、莲子心一钱、鲜藕五片，水煎代茶。

嘉庆帝五阿哥利湿健脾代茶饮

辨证：暑湿停滞，腹胀便泻，身热神倦。

药方：苏梗叶一钱、腹皮一钱五分、猪苓一钱、泽泻一钱五分、赤茯苓二钱、桔梗一钱五分、苍术八分（炒焦）、制厚朴二钱、陈皮一钱五分、六一散二钱、灯心三十寸、薏苡仁四两。

四 • 清宫酒香巷子深

在中国历史上,嗜酒的皇帝不乏其人。清太祖努尔哈赤很早就立下"饮酒仅限三巡"的祖制。但实际上,清代宫廷用酒并没有那样节制,历代清帝很多都与酒结下了不解之缘。

葡萄酒治好了康熙帝的"心病"?

康熙帝平日不常喝酒。他曾说:"朕自幼不喜饮酒,然能饮而不饮,平日膳后或遇年节筵宴之日,止小杯一杯。"但有一段时间,这位颇为自律、"不喜饮酒"的皇帝却喜欢上了"洋酒",这又是怎么回事呢?

事情要从康熙帝第一次废太子时说起。康熙四十七年(1708)九月,颇受康熙帝宠爱的十八阿哥胤祄病重,太子胤礽却对这位比自己小了近三十岁的幼弟没有表现出多少感情,引起了父亲的强烈不满。此时康熙帝正带着八位皇子巡行塞外,九月初三当夜,连遭申斥的胤礽又做出了偷窥父亲帐帷的举动,引起了皇帝猜忌——康熙帝认为这位当了三十三年太子的二儿子想要谋逆弑君。好巧不巧,就在第二天,传来了年仅七岁的十八阿哥病故的消息,让康熙帝的心情雪上加霜。他召集

● 康熙款青花八仙图酒杯

群臣，当众痛斥太子"不法祖德、暴戾淫乱、不孝不仁，朕包容二十年矣"。太子被废，康熙帝身心憔悴，健康每况愈下，还诱发了严重的心悸症。康熙帝对自己的身体状况颇为忧心："九月不幸事出多端，朕深怀愧愤，惟日增郁结以致心神耗损，形容憔悴，势难必愈。"太医们束手无策，只得向欧洲人求助。法国传教士殷弘绪在给印度和中国传教区总巡阅使的一封信中提到，法国传教士罗德先"配置了胭脂红酒让皇帝服用，首先止住了最令他心神不安的严重的心悸症，随之又建议他服用产自加那利群岛的葡萄酒"。神奇的是，不久之后，康熙帝的身体竟然逐渐康复了。

据清人黄伯禄《正教奉褒》中记载，康熙四十八年（1709）正月，康熙帝发布上谕："前者朕体违和，伊等跪奏：西洋上品葡萄酒，乃大补之物，高年饮此，如婴童服人乳之力。谆谆泣陈，求朕进此，必然有益。朕鉴其诚，即准所奏，每日进葡萄酒几次，甚觉有益，饮膳亦加，每日竟进数次。朕体已经大安，伊等爱君之心，不可不晓谕朕意。"康熙帝把西洋葡萄酒当作药来使用，开始坚持每天饮用几杯，身体果然康复了许多。

雍正帝真的滴酒不沾？

雍正自称不饮酒。他曾说："朕之不饮，出自天性，并非强致。"但他并不反对饮酒，说即使圣贤也不会废止饮酒，他天生不好酒，并非勉强约束自己。他还戏谑地提到，四川提督路振扬来京朝见，发现他并非坊间传闻的满脸酒气，觉得很疑惑。他笑言，这只是逆贼对他的诽谤。但雍正帝真如他自称的"不饮酒"吗？事实并非全然如此。

清代光禄寺内设有良酝署。良酝署在西安门内，共二十四间房屋，有酒匠六名，酒尉二名，每年春秋两季负责"酿造旨酒"。宫廷酿酒的种类十分丰富，包括黄酒、玉泉酒、烧酒、乳酒等。据内务府造办处活计清档记载，雍正帝曾下旨为十六种宫廷御酒做酒牌，包括松林瓮头春酒、松林瓮中香酒、松林太平春酒、八仙太平春酒、陈皮伏酒、橙子酒、延寿酒、八珍酒、伏酒、金生露酒、银酒、木瓜酒、白荔枝酒、玉泉酒、惠泉酒、清白酒。

据清宫内务府造办处档案记载，自雍正四年（1726）至雍正十一年（1733），内务府造办处几乎每年都要制作各种"酒圆"，也就是酒杯或酒盅。仅雍正四年，制作酒杯的档案就有十余份，样式五花八门。雍正帝还会亲自"指点"酒具的配色、工艺等，俨然"艺术总监"。例如这一年七月二十八日，郎中海望呈上"嵌珊瑚顶镀金盖霁红瓷酒圆一对，随镶嵌五福捧寿镀金托盘一对"，雍正帝下旨要"将此镀金盖托盘上口线改做圆珠五福，用松石做，安珊瑚顶，再照样做金盖一对、金托盘一对"。九月二十一日，海望又呈上"红玛瑙高足小酒圆一件"，雍正帝看后，下旨还要"往圆里收拾"。

故宫博物院藏有一套清人绘制的《胤禛行乐图》，画的都是雍正帝闲暇时的日常生活，或是他理想中的美好生活图景。其中的"临流观溪"图中，一身常服的雍正帝靠在秋日溪边的树荫下小憩，一派枕石漱流的闲适，手边就有一只青绿色的酒瓶。

● 雍正款祭红釉酒盅立面　　● 雍正款祭红釉酒盅底面

● [清]佚名:《胤禛行乐图·临流观溪》

雍正帝并非滴酒不沾，不过和他的父亲一样，喝酒是因为更看重酒的养生保健作用。他在雍亲王府时就搜集过号称"长生不老仙药"的龟龄集药方，清宫于元旦日开笔饮屠苏、驱疫避疠的习俗也是他在位时首创的。

乾隆帝与"天下第一泉"酒

《帝京岁时纪胜》中曾有这样的评价：清代京中的酒种类繁多，"虽品味各殊，然皆不及内府之玉泉醴酒醇且厚也"。清宫中酿造的玉泉酒享有盛名，主要是因为酿酒用的是有"天下第一泉"之称的玉泉水。据清宫档案记载，每年春秋两季，宫中会派人去玉泉山取水酿酒。之所以

● [清]佚名：《燕山八景图册·玉泉趵突》

选在这个时候，是因为春秋时节北京雨水较少，泉水更干净清透，更适合酿酒。

玉泉酒的配方与其他酒不太一样：每糯米一石，加淮曲七斤，豆曲八斤，花椒八钱，酵母八两，箬竹叶四两，芝麻四两，按这个剂量可酿成玉泉旨酒九十斤。对于水的配比，光绪朝《大清会典》记载过的一项数据可作参考：每酿造三百七十斤的玉泉酒，需用一百六十八斤玉泉水。

清代皇帝中，当属乾隆帝最珍惜玉泉酒。他会亲自督办造酒，并且对宫中每年玉泉酒的用途、用量做出明确规定。乾隆帝日常佐餐的大都是玉泉酒，一般在晚膳时喝二两，做菜调味时也会用到。他对内膳房配给皇室成员的玉泉酒有着严格的规定：皇室成员用四十四斤四两❶，不得超标。

除了日常佐餐和做菜，珍贵的玉泉酒当然要敬呈祖先，奉先殿祭祖、英华殿供佛、御花园斗坛、内城隍庙、永佑庙、御茶房、钦安殿等各处都要供奉玉泉酒。每逢盛大筵宴，比如除夕、元宵，酒单上也都少不了玉泉酒的身影。宫中御药房配药，也有二十斤的配给额。以上用量不能超过七百八十二斤十四两，如果需要增加用量，必须有详细的说明。乾隆四十八年（1783），乾隆帝在御览酒醋房上年度的使用清单时，发现玉泉酒的用量达一千零八十六斤八两，比乾隆四十三年（1782）的规定多用了三百零三斤十两，特地下旨要求军机处查明原因。在清查之后，要求他们承诺"嗣后留心稽查，节省办理，不使任意开销，以归核实"。

慈禧太后好饮莲花白

莲花白是由烧酒与莲花蕊合酿而成的药酒，从明代起便为宫廷御

---

❶ 清代一斤为十六两。

酒。至清代，莲花白在酿造过程中又掺入了药材："别有一种药酒，则为烧酒以花蒸成，其名极繁，如玫瑰露、茵陈露、苹果露、山楂露、葡萄露、五加皮、莲花白之属。"清代宫廷中，莲花白酒因慈禧太后的喜爱而盛行。

每年荷花初开的时节，慈禧太后都要派小太监到瀛台采摘荷花花蕊，加入各种药料，酿成清洌味美的莲花白酒，据说"其味清醇，玉液琼浆不能过也"。她不仅自己喝，还会把酒赏赐给亲信大臣。有学者考证，莲花白酒中的药材主要包括当归、丁香、何首乌等二十余种，酿酒时需将这些药材蒸炼，加入白糖调配，入瓷坛密封，陈酿而成。莲花白酒滋味甘甜，具有滋阴补肾、开胃健脾、舒筋活血等功效，深受慈禧太后青睐，她将其作为养生日用酒。

除了莲花白，慈禧太后还好饮玉容葆春酒。这种酒由她亲自赐名，以白酒为基础，含西洋参、枸杞、黄精、当归、合欢皮、佛手柑等草药，经过自然陈化，精心勾兑而成。酒质清，开瓶香，入口绵，落喉甜，回味久，口感清淡，具有养颜护肤的功效。据载，慈禧太后不仅长期不间断地饮用此酒，还常将它作为礼品赐给皇亲国戚。

清宫药酒还有祛风湿强筋骨的五加皮酒、醇香的木瓜酒、太平春酒等。其中太平春酒又名"松龄"，在雍正时期就已盛行于宫廷。这种酒是将熟地、当归、红花、枸杞子、佛手、桂圆肉、松仁、茯神、陈皮等十余种药物装入布袋，以玉泉酒等加工而成，味道甘美，浓度又低。据《清宫医案集成》记载，每次服用一小盅，一日两次，有健脾益气、养血活络之功效。根据奏折的记录，乾隆帝还对太平春酒做过改良，命御医减去药材中的佛手一味，以去其苦涩之味。

故宫生活志

卷三 行乐

一 ● 皇家大戏楼里的古代科技

有清一代,特别乾隆一朝,常以恢弘的演戏活动歌颂盛世升平。在如今的宁寿宫区域,还能见到一座气势恢宏的三层大戏楼——畅春阁。清代京城内曾有数十座宫廷戏台,大多为一二层的,而在节庆盛典等重大场合,皇家会在三层大戏楼上演最隆重的大戏。

自雍正时期起,京城内先后建造过四座三层大戏楼:圆明园内的同乐园清音阁大戏楼、紫禁城内的寿安宫大戏楼、紫禁城内的畅音阁大戏楼、颐和园内的德和园大戏楼。其中的寿安宫大戏楼与同乐园清音阁大戏楼如今已不复存在,我们今天能看到的,还有畅音阁、德和园两座皇家大戏楼。

畅音阁里的古代音响系统

紫禁城中最大的戏台畅音阁,位于故宫东部的宁寿宫,修建于乾隆四十一年(1776)。这座三层大戏楼坐南朝北,自成院落。畅音阁背面有一座二层的扮戏楼,是演员化妆、候场的地方,对面的阅是楼是皇帝、皇后看戏的地方,后妃和王公大臣的座位则安置在东西两侧的长廊上。畅音阁建筑总高20.7米,屋顶为卷棚歇山式,一二层檐覆黄琉璃瓦,三层则为绿顶,檐上覆盖着绿琉璃瓦,周围一圈以黄琉璃瓦剪边。每层戏台的面宽和进深是一样的,都是三间❶大小,面积至少有二百平方米,可以同时容纳数百名演员表演。三层的戏楼自下而上为"寿台""禄台""福台",寿台还有台阶通往地下。寿台的表演区域最宽敞,也是演

---

❶ 古建筑领域,四根立柱围成的空间被称为"一间房"。

◎ 畅音阁

● 畅音阁上层内景

● 畅音阁下层外景

● 寿台近照

戏的主舞台，福台略小一些，只能在戏台的前半部分表演；禄台最小，只在前檐区域有表演空间。这样设计的原因，也是从视线范围考虑，观众仰头看戏的时候，视线是看不到上层表演区后侧的。

戏楼的设计非常巧妙。最上层的寿台在顶棚的东、中、西三面都设计了天井，东西两侧的天井可以连通第二层的禄台，中间的天井可以贯通三层戏台。每层的天井里都有隔板，将内部空间分为上下两层，称为"仙楼"，演戏的时候，演员可以通过隔板两侧的四座木阶梯"搭垛"上上下下。

皇帝坐在戏台对面的阅是楼，与戏台之间隔了一座小广场。戏台如此恢弘高大，古代又没有音响设备，在戏台上唱戏，声音能传得足够远，让坐在观戏楼和长廊上的观众听清楚吗？

原来，畅音阁有着科学的"音响系统"。戏台上的空井能产生很好的共鸣效果。笔者曾在畅音阁戏台进行过现场勘查，发现寿台的木地板

◆ 地下层水井

下有地下层。这一层与地面之间搭了一层木板，仅留下一个出入口，形成了一个相对封闭的空间。地下层的中央和四角各有一口地井，中间的井有水，四角是空心土井。这四口空心土井，就形成了畅音阁的"音响"，可以产生共振，并形成共鸣的效果。当中的水井相当于"混响"设备，四口空井相当于四只共鸣箱。水井里的水越多，水井中形成的空气柱振动频率越小，反射出演员的声音越低沉浑厚；相反，水井里的水越少，则水井中形成的空气柱振动频率越大，反射出演员的声音越清脆明亮。寿台天花板上的藻井也同样能产生混响效果，犹如一个倒扣的大缸，只不过不是封闭状态。这种大缸可以将演员的声音汇集，再集中反射出去，突出了声音的混响效果。

共振传声的原理早在战国初期就得到了应用。《墨子·备穴》中就有"令陶者为罂……置井中，使聪耳者伏罂而听之"的记载。古代士兵在城墙根下每隔一定距离就挖一个深坑，坑里埋置一只容量有七八十升的陶瓮，瓮口蒙上皮革，让听觉聪敏的士兵伏在这个共鸣器上听动静，遇有敌人挖地道攻城的响声，士兵不仅可以觉察到敌人，还可根据各瓮瓮声的响度差识别来敌的方向和远近。这种蒙上皮革的陶瓮扩音与畅音阁地下层的空井扩音原理完全一致。

畅音阁的建筑布局也能增强声音的响度和强度。畅音阁、阅是楼和长廊形成了一个相对封闭的空间，这种封闭、近似环状的建筑群布置本身就能产生一定的聚音效果。此外，紫禁城建筑采用的磨砖对缝墙体和光亮的琉璃瓦，也在一定程度上起到了"修音"作用，这种建筑设计利用声音的反射特点，能减少声音的吸收，对声音产生合理"美化"的效果。

在颐和园的东宫门内、仁寿殿西北，还有一座畅音阁的"仿品"——德和园大戏楼，是为慈禧太后在颐和园居住期间看戏、贺寿而修建的。

● 畅音阁戏台兽面柱头

德和园主要包括大戏楼、扮戏楼、颐乐殿、看戏廊、庆善堂等二十四座建筑，于光绪十六年（1890）开工，耗时四年完工，耗费白银七十一万余两。每逢帝后寿辰、重要节日和慈禧太后驻跸颐和园之时，德和园都会开班唱戏。从光绪二十一年（1895）到光绪三十四年（1908）间，慈禧太后在德和园看了二百多场戏。而从造型、功能角度而言，德和园戏楼与畅音阁都有着诸多相似之处。

两座戏楼的地井之上，二、三层楼面都有滑车，可以配合剧情演出各种上天入地的效果。也正是因为特殊的三层戏楼结构，很多大戏都只能在这两座戏楼上表演。比如《宝塔庄严》要从井中以铁轮绞起五座宝塔，《地涌金莲》要从井中绞升五朵大金莲花到

● 德和园烫样

● 德和园大戏楼

君治讳陈十六传
闲外雨月骏成造
纡献山海岛多姓
朝会泗父君臣会一
锡家君臣当惬
惊永视此子合
受恩饶受恩饶
寰人知吾不嗜杀

天鱼昭 西域金
川宴紫光壹湾凯
席值山庄敌称七
旋七功就又报一
归一事偿我满拓
盈垣埸永安
民和众繁怀
长泰年归政庭
非豈益此孜之
顾自强
赐凯旋将军福康
安泰赟海兰察
寺寘阼席成什
乾隆戊申孟秋
御笔

● [清]佚名:《平定台湾战图·清音阁演戏图》

玄年此際來謦
程臧績
今朝凱來徒
寫迎真是賴
算仍先一月
驅馳國威海嶠
舉吳國威佐賓
祖維烈
楊維烈
袒德懷在佐賓
明廻慎肝宵斯
晝不徒勞耳壓猶
誠壓中堂不自
懷憩何致愚民蹈
洪甘論武壺防乃就
馳日文諸吏來為貪
債轅方丰誠吾逼伙
蒙豦□行史基

● 清佚名《崇庆皇太后万寿庆典图》中的寿安宫戏楼

戏台之上,这五朵金莲的花瓣会绽开,露出里面的五尊大佛。地井内蓄的水也能制造很有冲击力的舞台效果,例如《罗汉渡海》这出戏,道具中有巨大的鳌鱼,内可藏数十人,以机筒从井中汲水,让水从鳌鱼口中喷出。

皇家戏楼遗迹寻踪

有两座大戏楼没有被保存下来——寿安宫戏楼和同乐园清音阁大戏楼。

寿安宫大戏楼是乾隆帝为崇庆皇太后六十寿辰庆典特意修建的,就在太后居所寿安宫院落中。戏楼的规模也很恢弘,总高十余米,一层地板下的地井甚至比畅春园大戏楼还多两口,总共有七口之多。寿安宫戏楼在崇庆皇太后病逝后便一直闲置。到了嘉庆帝即位后,这座前朝太后的闲置戏楼就被拆除了,扮戏楼也被改建为春禧殿后卷殿。

另一座规模宏大的大戏楼同乐园清音阁位于圆明园西路、后湖东北的"坐石临流"景区,也是圆明园中最大的戏台。据雍正四年(1726)八月五日的内务府造办处活计档载:"铺面房、同乐园净房内炉上,配做红铜丝罩",说明同乐园至少在雍正四年就已建成。这里也是圆明园中最主要的"娱乐场所",园内有由看戏楼、清音阁、东西长廊等建筑组成的院落式大戏楼,三层的清音阁坐落在院子中心。

同乐园清音阁大戏楼的形制与畅春园大戏楼差不多,在乾隆年间的《圆明园四十景图》中可以看到同乐园院落中的清音阁,上覆着三层卷棚歇山屋顶。看戏的时候皇帝在楼下,皇太后和后妃在楼上,夏天看戏时还会在正楼前面搭建天棚。每年腊月二十日以后,凡遇大雪,大殿西次间也都会安排看戏。清人吴振棫《养吉斋丛录》对同乐园清音阁演戏

● 清沈源、唐岱《圆明园四十景图·坐石临流》中的同乐园清音阁

的盛况有过记载:"演剧台深广约十丈,凡三层,神祇仙佛由上一层缒而下,鬼魅则自下一层穴而上……所演有《清平见喜》《和合呈祥》《青牛独驾》《万年甲子》《太平有象》《环中九九》《瑶林香世界》等名目,其余传奇杂齣,与外间梨园子弟扮演皆同。特声容之美盛,器服之繁丽,则钧天广乐,固非人世所得见闻。"每年正月,同乐园还会举行大型灯戏《庆丰图》,这样的灯戏在乾隆年间举办过四十八次。其中乾隆二十一年(1756)和乾隆四十八年(1783),在同乐园上演了十多天的连台戏,除此之外,每当皇帝的生日或重大节庆也会在此演戏,以示庆贺。遗憾的是,咸丰十年(1860),精美恢弘的同乐园被英法联军付之一炬,如今仅存遗址,供后人凭吊。

二 · 宫里的焰火有多好看

"紫禁烟花一万重,鳌山宫阙倚晴空。玉皇端拱彤云上,人物嬉游陆海中。"自唐宋时起,皇家就有在节庆日放焰火的传统。紫禁城里最"好看"的活动,要属逢年过节时看焰火了。清代宫廷焰火规模之大、品种之多、场面之壮观,连英国使臣马戛尔尼都为之惊叹,盛赞清宫焰火"比我看过的同类焰火胜出一筹"。

炫目的宫廷焰火

明清皇宫里的焰火到底有多好看? 中国国家博物馆藏有一幅绢本设色的《明宪宗元宵行乐图》,画的是成化二十一年(1485)的元宵佳节,宫中模仿民间放烟花、闹花灯、看杂剧的情景。图中可以看到种类繁多的皇家焰火,太监们有的挥舞着绚丽的焰火棒,有的正点燃能在地上旋转的"地老鼠",有的拿挑杆去挂能在空中飞舞的"蝴蝶花",有的正举着冲向空中的"蹿天猴";有的手里的烟花棒正喷出炫目的图案,还有的拿出一串"组合烟花"……画面中的明宪宗坐在殿前的黄帐下看焰火表演,一派与民同乐的景象。明末时,马士英还特制了一架装有机关的焰火进呈皇帝,据说点燃时殿柱之间竟有飞龙盘桓,一时传为奇景。

清宫的焰火也叫"花炮","花"是"烟花","炮"是"炮仗""爆竹",种类非常丰富。从一份乾隆四十五年(1780)统计的当年所用花炮数目清单中可见,清单上罗列的花炮名目达三十四种。以烟花类为例,就有白日盒子、晚间盒子、翠帘、瓶花、节花、手把花、菊子、木香花、缨络、金台银碟、软灯、大起火、二号起火、小起火、大泥花、大飞火、小飞火、板筒花、明登子、登子、催挺、葡萄、彩烟、彩火马等二十四种，炮仗则有软鞭、单响爆、双响爆、吊爆、头号爆仗、二号爆仗、三号爆仗、小爆仗、开城爆、彩爆等十种。

这些花炮的具体样式大多已不可考，我们只能从一些笔记中的零星描述想象它们燃放时的盛景。例如"起火"是光焰飞得很高的焰火；"地老鼠"则不响不起，只在地上旋转绕圈；"盒子"和如今的烟花盒子类似，点燃引线后会从中迸发出各式各样的焰火图案，如"公侯万代、瓜瓞连绵、百子千孙、满架葡萄、万里封侯、连珠挂屏、九莲灯"，甚至还有"孙悟空大战火云洞"。

在明代就已经有了"组合焰火"，匠人们将各种花炮扎架组合，分组绑在木架上，再用火药线将其按顺序连接起来。一经点燃，噼里啪啦的炮竹声响起，夜空中不时有流星飘飞、明珠迸射，进而组合成花鸟、亭台、人物等各种画面，如万花绽放，龙腾凤掠，甚为壮观，可通宵达旦。有研究者考证，清宫中最绚丽、最壮观的"盒子"叫"万国乐春台"，是一套由各色花炮组合而成的焰火，包括节花十枝、软鞭二十挂、木香花一百五十个、缭络二百个、小起火一万五千枝、大飞火五十位、小飞火五百位、板筒花六百个、登子一万一千个、明灯子一千五百三十八个、催挺一百个、葡萄六十包、头号爆仗六百个、三号爆仗七百五十个、开城爆三个、手把花两千个。据清宫档案记载，"万国乐春台"燃放之时，万响齐鸣、焰光冲天，场面十分震撼。

很多西洋传教士都在回忆文章中提到过中国宫廷的焰火，给他们留下了深刻的印象。比如葡萄牙传教士安文思在《中国新史》中描写过崇祯十七年（1644）元宵的焰火盛景："似舟，似塔，似鱼，似龙，似虎，似象，一般有上千种令人惊奇的焰火。"看到天空中栩栩如生的葡萄藤形焰火时，甚至"发誓说那是天然的东西而非仿造"。苏格兰旅行家约翰·贝尔描绘过在圆明园畅春园观烟花时的盛景："一枚烟花弹飞入空

● 明佚名《明宪宗元宵行乐图》中放焰火的场景

● 清丁观鹏、郎世宁等《乾隆帝岁朝行乐图》中放焰火的场景

◆ ［清］佚名：《大公主大阿哥庭院游戏图》

中，迸发成无数盏点亮的灯笼，色彩纷呈的烟花在半空中散开，形成一幅绝妙的画面。"朝鲜文学家朴趾源在《热河日记》中描述了乾隆四十五年（1780）八月中旬，他在热河看到"梅花炮"时的景象："万炮齐发，天空中犹如出现朵朵盛开的梅花；形态各异的飞鸟出现在空中，或飞翔，或啄羽，或逐蝶，或衔果；随后空中又有各种神佛造型，或乘舟，或驾鹤，或负剑，或擎葫等，令人目不暇接……"

意大利传教士马国贤在《清廷十三年》中回忆，某年新年，他受康熙帝邀请，在畅春园观看烟花表演，"所有被邀请的欧洲人，从来没有在他们自己国家看过如此好看的东西"。

古代烟花的制作技艺

中国是最早发明火药的国家，也是烟花和爆竹的故乡。至少从宋代起，我国已经有了精湛的烟花制备技术。到明代，国人的烟花技术已让异国惊叹。波斯商人阿克巴尔在《中国纪行》中写道："这个国家里老少都会做火药。烟花、爆竹是很普通的东西。"

清宫中负责制作花炮的机构叫"花炮作"，归内务府管辖。清宫档案中能找到的最早的关于花炮作的记录，来自《乾隆三十六年各作成做活计清档》："乾隆三十六年（1771）正月初九日，库掌四德五德来说，总管张玉交绫绢，人五十九个，爆竹匣三十二个，小盒子十个（内盛什物），传着交花炮作，有用处用，记此。"可知乾隆年间已有花炮作。花炮作有无品级库掌一员，副库掌一员，库守三名，领催二名，匠役约有八百名，"有花炮匠、南盒子匠、北盒子匠、洋盒子匠、起花匠等各色匠师"，能制作南方、北方和西洋的各种烟花样式，主要制作花炮、盒子和起花。

> 尚書和
>
> 傳諭兩淮鹽政伊齡阿　乾隆四十八年二月十八日
>
> 奉
>
> 上諭向例上元烟火兩淮呈進大盒七架以備筵宴之用明歲正月南巡計上元燕九正在直隸山東境內著傳諭伊齡阿於向例備進七架之外另添備一架將兩架啟期經過山東交與明興以俗十九日德州之用其餘六分即交直隸總督為十四五十六三日之用其各色大式花炮亦照常例各隨大盒分開運交惟年例之小盒子小花炮等項仍行解京交該處俗用著將此傳諭伊齡阿並諭表守侗明興知之欽此

● 清乾隆四十八年（1783）二月十八日上谕档局部

西洋传教士对当时国内的烟花制造技术评价极高。意大利传教士利玛窦、法国传教士金尼阁曾说："他们制作焰火的技术实在出色，几乎没有一样东西，他们不能用焰火巧妙地加以模仿。"乾隆年间的英国使臣马戛尔尼、巴罗也说："中国人制造不同颜色焰火的秘方，是他们生产烟花的一大成功。"

古代的烟花主要利用硝石、硫黄、木炭等药剂的不同比例组合，控制混合物的燃烧速度、爆炸性能，产生不同的烟花效果。约成书于元末明初的《墨娥小录》中记载了"金盏银台""白牡丹""松竹梅""水瓶花""紫葡萄"等二十余种烟花的配比。令马戛尔尼赞不绝口的"不同颜色焰火的秘方"，清代医药学家赵学敏的《火戏略》中曾有"揭秘"，原来掺入不同的材料，可呈现不同颜色的火焰效果："棉花屑光则紫，铜青之光青,银朱之光红,铅粉之光白,雄精之光黄,松煤之光黑。"这里的"棉花屑"指的是棉花衣硫浆,"铜青"是铜器表面的绿锈,"银朱"为人工制成的赤色硫化汞,雄精即雄黄,松煤的主要成分是炭。就是因为这些材料的掺入,烟花才产生了绚丽多彩、引人入胜的效果。

三 • 射柳"比武大会"

"射柳"是一种起源于匈奴、鲜卑等游牧民族的古老祭祀活动。古时匈奴有"蹛林"秋祭的习俗,要在秋天草木葱茏时骑马绕林木而会祭,祈雨露甘霖,滋万物共生。明清时期,宫中射柳娱乐各有特色。

射柳兴起于何时

辽代时,若逢大旱,皇家会举行一种叫"瑟瑟仪"的祭典,在祭祀

● [清]佚名:《道光绮春园射柳图》(局部)

之所插柳，由皇帝、亲王、宰执、贵族子弟等射柳为戏。规定射中柳枝者给予冠服，未射中者要抵押自己的冠服给获胜者，失败者还要向获胜者进酒，之后再互相归还各自的冠服。在"瑟瑟仪"结束后，如果真的祈雨成功，皇家会赏下礼官马匹、衣帛，如果还不见降雨，礼官会被人"以水泼之"。至金元时，射柳不再是祈雨的主要活动，逐渐成为一项端午时节的游戏。举行射柳前，要先行拜天。因为柳枝细小柔软，在插柳前要先将柳枝削皮露出青枝，插入土中五寸左右的位置，再将参赛者的手帕绕在枝上作为标记。射柳比赛按照尊卑等级次序进行，参加比赛的"选手"不仅要骑着马将柳枝射断，还要用手接住才算获胜。只射中柳

枝但未射断，或者射断柳枝但未接住都不算成功。细小的柳枝经微风一吹便会四处摆动，能站定射中已非易事，骑在马上驰射更是难上加难。

古人祭祀、驰射的为什么偏偏是柳树呢？游牧民族有一种柳树崇拜的传统，因为柳树是水的标记。游牧民族逐水草而居，水源是部族生存与延续的基础。柳树生长在水边，找到了柳树，往往就意味着找到了水源。

明清宫廷中的射柳活动

据《万历野获编》记载，端午节期间，皇家有在东苑、西苑射柳的习俗，勋戚、近臣都来参加。规则是将一只装有鸽子的葫芦悬挂在柳树上，参赛者要射裂葫芦，让葫芦中的鸽子飞出来。谁射中的葫芦中放出的鸽子飞得最高，谁就是获胜者。这些鸽子的脚上都系着鸽哨，飞到空中时，鸽哨会发出清脆的声响。于是，如果选手们接连射中葫芦，扑棱着翅膀从葫芦中飞出的鸽子会在天空中划出一道漂亮的弧线，连绵的鸽哨声回荡在天际，场面壮阔而辽远。

射柳是皇帝考较臣子的好机会。明永乐十一年（1413）端午，风和日丽，天朗气清，永乐皇帝朱棣率皇亲勋贵到东苑（今故宫东华门外南池子附近）观击球、射柳，还特地邀请四夷朝使和在京耆老来一同观看。他命驸马都尉广平侯袁容、宁阳侯陈懋各领一队，自皇太孙朱瞻基以下，诸王公大臣依次射柳。那天，十四岁的朱瞻基表现不俗，每射必中，朱棣非常高兴。就是在这次的射柳场上，传出了朱瞻基巧对对联的佳话。朱棣给出的上联是："万方玉帛风云会。"朱瞻基立刻叩首对道："一统山河日月明。"朱棣大喜，赏赐了朱瞻基名马、锦绮、罗纱和番国布。

清初，每逢端午节，也会在天坛举行射柳活动，但声势不如明代。

据《帝京岁时纪胜》记载，至乾隆朝仍有在天坛射柳的传统，《清代北京竹枝词》中也有"插柳天坛逢午节，邀青同上打球场"的诗句，证明到嘉庆年间，射柳仍是京中端午节俗。流传至今的《道光绮春园射柳图》中，道光帝着蓝衫、骑白马，头戴夏朝冠，拉弓引弦，准备射向裹着红缎的旗杆，反映了清宫射柳活动的真实场景。

从射柳看如何做出一把好弓

射柳不仅是一项娱乐活动，弓箭的制作、鸽哨的使用，也包含着古人的科学智慧。

先说射箭的弓。我国有着悠久的造弓历史，春秋战国时期的《考工记》中就有关于造弓技术的记载。一张制造精良的弓，离不开干、角、筋、胶、丝、漆六种材料。弓的表面要包上桦树皮，弓弦用坚韧的蚕丝制成。一张弓能不能拉得远，角和筋起到了至关重要的作用。制弓用到的是牛角和牛筋，在面向射手的一面贴上牛角片，面向目标的一面贴上

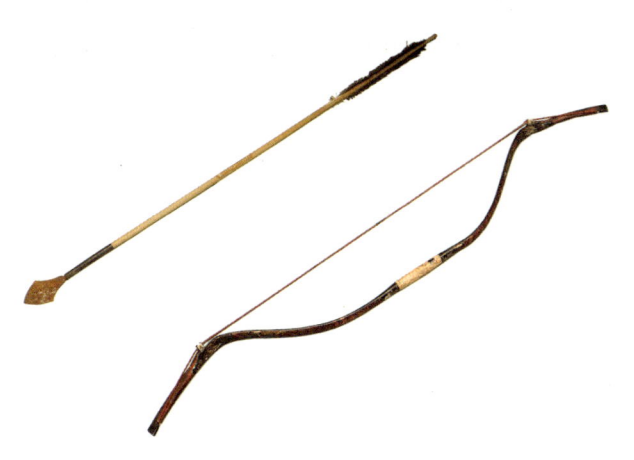

● 木牛角桦皮弓、铁镞雕翎铋箭

牛筋。牛筋抗拉，牛角片抗压，这样在拉弓的时候，箭能射得又快又远。

要想让箭飞得又快又稳，箭羽的作用最为关键。箭羽太大，箭在飞行过程中受到的风阻就会变大，箭也就飞不快；箭羽尺寸太小，箭就有可能飞偏了。《考工记》给出的箭羽和箭身比例十分精确，箭羽一般占箭总长的五分之一，是箭镞长度的三倍，羽毛进入箭杆的深度要与箭杆半径相同。这样制作出的箭才可能达到"虽有疾风，亦弗之能惮"的效果。选用什么样的鸟羽做箭翎也有讲究。用雁或鹅毛做箭羽，箭射出去手不应心，一遇到风就会歪向一边。清代宫廷的箭羽以雕翎为上等材料，雕翎做成的箭比鹰、鹞翎箭飞得快、飞得正。

鸽哨在我国已有千年以上的历史，明清时，鸽哨的制作工艺也已达到较高水准。鸽哨一般用竹、苇、葫芦等材料制成，系在鸽子脚部。鸽子翱翔于蓝天时，鸽哨受风力作用，发出悠扬婉转的声音，乾隆帝形容这种声音与风声相杂，"泠泠然如清夜霜"，十分悦耳动听。《燕京岁时记》中就记录了用三只哨子做成"三联"、五个哨子做成"五联"、十三只哨子做成"十三星"等不同的鸽哨种类，可产生"五音皆备""悦耳陶情"的效果。明崇祯年间，翊坤宫内有一座放鸽台，天气晴朗时会在此处放飞鸽子。鸽群中领头的几只脚部系有鸽哨，带着群鸽飞向天空，鸽哨声响彻云霄。

四 • 宫里的秋千不仅是用来玩的

乾隆帝有诗写清宫闺中之乐:"最是春闺识风景,翠翘红袖蹴秋千。"荡秋千,自古就是宫中女眷打发时间的消遣方式,明清皇宫中的秋千更是花样百出。

秋千与寒食节

秋千的起源与战争相关,最早是北方游牧民族演武训练的器械,后来齐桓公征讨山戎,使秋千传入中原。还有一种说法认为,汉武帝令宫女耍绳戏祝祷"千秋之寿",为了避讳,后世便把这种绳戏倒称为"秋千"。

荡秋千是寒食清明时非常受欢迎的游艺活动。据《开元天宝遗事》

● 故宫翊坤宫前廊内的秋千环

◉ 故宫藏秋千

记载，唐玄宗天宝年间，寒食节时，皇宫各处都会架设彩索秋千架，宫装丽人们随着秋千在空中蹁跹起舞，引得唐玄宗赞叹为"半仙之戏"。

宋代出现的"水秋千"是宋代杂技的新发展。这种秋千一般立在彩船船头，荡秋千时有鼓乐伴奏，当秋千摆到几乎与顶架横木相平时，表演的人就会借势从秋千上腾跃而起，翻入水中。

明清时，荡秋千也是宫廷中重要的节俗活动。清人高兆在《启祯宫词》中曾写道："彩架遥看天外起，六宫都教戏秋千。"清代宫廷画家焦秉贞绘有一套《仕女图册》，其中就有一张《秋千闲戏》。画面中，六位优雅的仕女，一位立于秋千之上，衣袂飘飘，两位推着秋千前后摇摆，其他三位则在笑谈中等候。乾隆帝所作《题焦秉贞人物画册十二帧》中，亦用"柳风拂处人吹过，环珮声摇最上层"来形容如此惬意的场景。

民俗学者章乃炜的《清宫述闻》对此有更为详细的描述："在明代，则宫中以清明节为秋千节，坤宁宫及各宫皆安秋千一架，宫人相邀嬉戏，至立夏前一日为止。"如今故宫翊坤宫前廊的梁底仍留有一对秋千环，据研究者考证，此为溥仪小朝廷时期安设。

● [清]焦秉贞:《仕女图册·秋千闲戏》

宫里的"西洋秋千"

清宫中还有一种"西洋秋千",出现在宫廷筵宴上。据《养吉斋丛录》记载,乾隆年间,每年正月十九日,乾隆帝都会在圆明园山高水长楼前举办筵宴,招待外藩各国陪臣。在宴会上表演的游艺节目中,就有"西洋秋千"。朝鲜使臣朴思浩在《燕蓟纪程》中回顾了他于道光九年(1829)正月十五在圆明园观看"西洋秋千"表演时的场景:"彩服童子八人,头编黑丝,髫髫垂髻。各立杠头,一上则一下,一下则一上,丝翩浮空,是谓西洋秋千,名曰忽悠悠。"

西洋秋千和传统的中国秋千有何区别? 故宫博物院藏的《万树园赐宴图》中就绘有西洋秋千。从图中可见,西洋秋千形如立放的云梯,云梯中间的横杆为滚轴,上下端各有"日"字形木框。

这种秋千之所以被称为"西洋秋千",或许是因为使用了当时西方机械装置中的滚轴,而且这种秋千的摇摆方式与传统秋千有着明显区别。相比而言,传统秋千类似于单摆,西洋秋千则相当于有着滚动轴的跷跷板:表演者分别站在两端"日"字框的横杆上,通过变化姿势来调整绕滚轴转动的力矩大小,并不断调整平衡状态,使得秋千犹如跷跷板一样上下摆动。在外藩来朝的国宴上以西洋秋千表演助兴,也是乾隆帝别有匠心的安排,以此特地显示对藩属国的重视,拉近彼此之间的关系。

西洋秋千表演还会出现在宫廷贺寿的庆典上。故宫博物院藏《崇庆皇太后万寿庆典图》描绘了乾隆十六年(1751)崇庆皇太后六旬寿诞前夕从畅春园回宫的情景。图中,在白石桥两岸就有西洋秋千。乾隆四十四年(1779)八月,西藏政教首领班禅额尔德尼六世一行来到热河,为乾隆帝六十八岁寿辰贺寿。在八月十四日、十六日两次上演的火戏表演上,也出现了西洋秋千。

● 朝鲜佚名《太平城市图》中的西洋秋千

◆ [清]佚名:《万树园赐宴图》

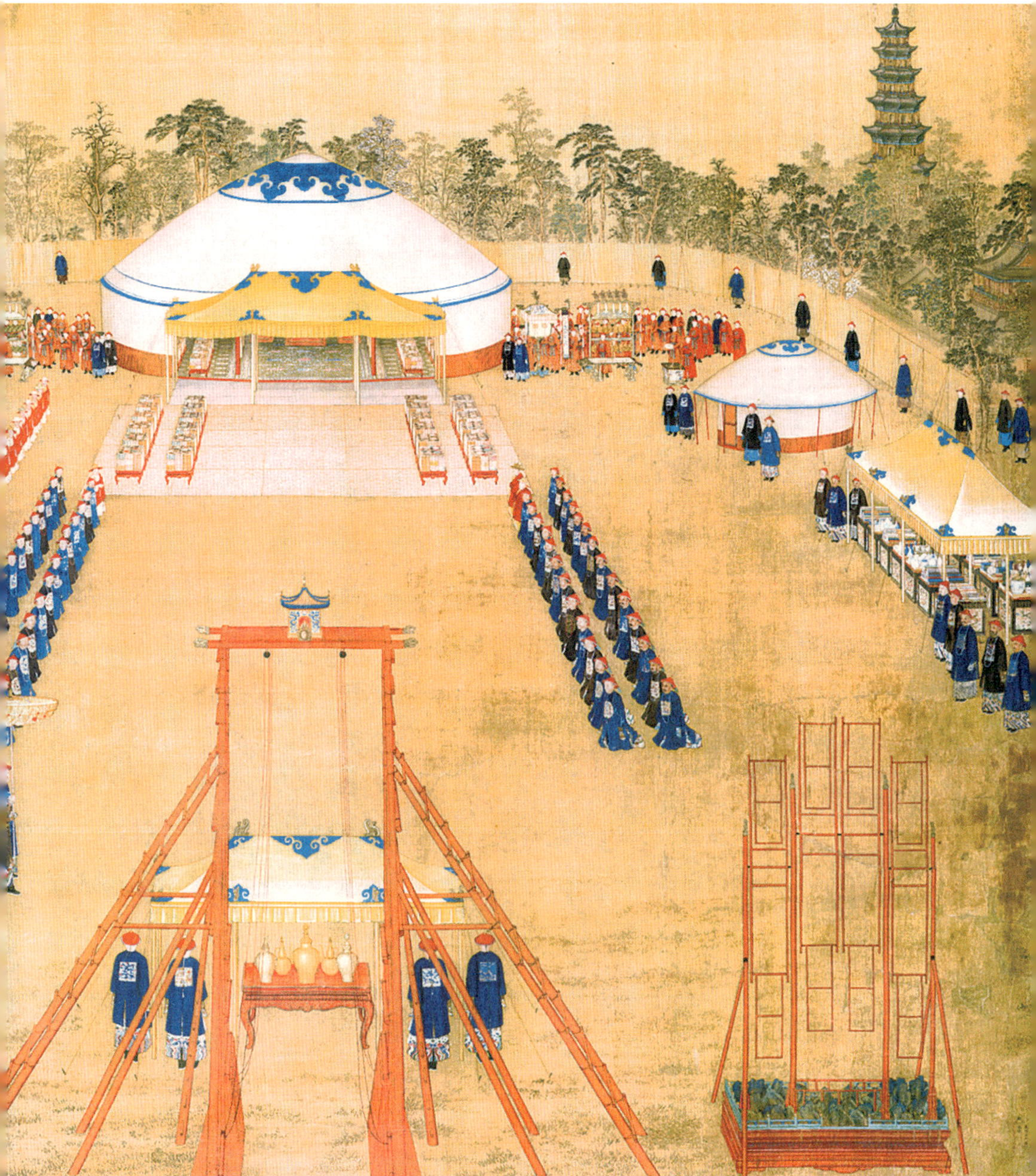

◆ 清佚名《崇庆皇太后万寿庆典图》中的西洋秋千

五 · 皇帝小时候玩什么玩具

受西方工业革命影响，一些西洋机械玩具在清代传入中国，很受宫廷后妃和皇子们的喜爱。美国传教士何德兰在《慈禧与光绪》一书中回忆，光绪帝小时候很喜欢外国机械玩具。故宫博物院的藏品中，有很多构思精巧、制作精美的机械玩具，这些小玩具将当时先进的机械制造工艺带入宫廷生活，见证了古代东西方科技、文化的交流，为古老的深宫注入了一丝域外新风。

溥仪最爱的鸟音笼

提到八旗子弟，很多人会联想到"提笼架鸟"，一位民俗学家曾这样描写北京的养鸟盛况："下自顽童贫士，上至缙绅富户，无不手架一鸟，徜徉街市，可谓举国若狂。"欧洲钟表制造商制造的"鸟音笼"传至宫中，一时被传为新奇的"西洋景"。

故宫博物院藏品中有一只精巧的木制金漆鸟音笼，金笼中站着一只栩栩如生的红腹灰羽鸟儿。底座内有控制音乐和小鸟活动的机械装置。开动后，小鸟会在音乐声中边鸣叫边转身。

末代皇帝溥仪非常钟爱这款鸟音笼玩具，溥仪的堂弟溥佳在《清宫回忆》中提到，他陪溥仪读书时，养心殿里有许多玩具，他们最喜欢的就是"那些带机器的玩意儿，如大八音盒和假鸟等"。这些鸟音笼的笼子都是用金丝编制的，鸟儿也是用黄金做的；上好发条后，把鸟音笼悬挂在殿廊之上，众鸟齐鸣，场面非常壮观。

● 木制金漆鸟音笼

● 发条钥匙

● 表盘

● 铜镀金四方跳杠鸟音笼钟

有趣的"机械人"

故宫博物院藏有几款有趣的"机械人"玩具。其中比较特别的一款是武丑打扮的翻顶机械人,这是十九世纪法国王室专为清宫皇室制造的。这个武丑小人总高约91厘米,站在戏台之上,双手各撑着一把椅子。上紧发条,小武丑会在音乐的伴奏声中进行"体操表演",先是抬手,再是摆腿,双腿能摆到身体与地面平行的位置。这一套"体操动作"与音乐完美配合,当音乐播完,小人恰好会收腿复位,恢复到最初站立的位置和姿势,分秒不差。

"机械人"是怎么动起来的? 制造这种翻顶机械人离不开精密的机械控制系统,这种系统与钟表的机械原理高度相似。小武丑脚下的戏台其实是个暗箱,里面就装着发条动力装置和若干齿轮。箱子里的发条上紧之后,会带动音乐系统和运动系统同时工作,并通过连杆将动力上传至机械人内部的齿轮系统,巧妙地控制机械人做"体操"运动的幅度、速度和周期,这种控制系统与现代计算机的控制程序有着诸多相似之处。

◉ 翻顶机械人

藏品中还有一款机械"魔术师"也很有趣。这款"幻术变小孩机械人"玩具完美展示了"空手变娃娃"的神奇魔术。这也是一款来自十九世纪法国的小玩具。"西洋魔术师"面前的桌上摆着骰子和两只精致的小金杯,每只杯子里都有一只可以转动的果盘,盛着南瓜、柿子、石榴等;骰子里则放着一个洋娃娃的头。上紧发条后,伴随着悦耳的音乐,"魔术师"像真人表演魔术时那样微微摇晃着脑袋,轻轻将手中的魔术棒挥向杯子或骰子。有趣的是,当魔术棒指向杯子,打开后的杯中会出现一种果蔬,再揭开,会出现另一种。而当魔术棒指向骰子,骰子中的娃娃会突然消失,再一指,娃娃又会出现。

用我们今天的眼光来看,其中的原理很简单:变换动作的魔术师、转动的果盘、上升下降的洋娃娃,内部都有连杆与桌面下的机芯相连接。当上足发条后,各组传动装置的机芯转动,使得连杆

● 幻术变小孩机械人

带动转盘转动，果蔬和娃娃就会一时出现，一时又凭空消失。尽管这只是我们现在司空见惯的小发条玩具，但对当时的清宫贵人们来说，却是非常稀罕的"西洋景"。

在宫里"拉洋片"

故宫博物院藏品中还有一款木框旋转彩绘玻璃片的小玩具，像是小时候的简易"幻灯片"。这是一只长方形的小木盒，盒子中央有个圆形的小孔，上面放着绘有西洋建筑、田园风光的玻璃片。只要转动手柄，玻璃片就会翻转，转出另一块玻璃上的图案。

用今天的眼光看，或许你会觉得这款玩具太"小儿科"了，但在当时，这可是最新奇的玩具之一。这款小玩具就是当时老北京街头最流行的"西洋镜"——"拉洋片"的简易版本。它的制作原理与"拉洋片"类似，只不过"拉洋片"的木箱子里有很多张画片，画片是由绳子连起来

● 西方田园风光图像

● 西方建筑图像

● 观拉洋片旧照

的，一拉绳，就能替换画片，而这款玩具只有两块替换玻璃片，叠在一起由金属圈固定，通过齿轮的转动来替换画片。当时平板玻璃工艺复杂、造价昂贵，而且这两块玻璃片上的图画是反笔描绘的，更能体现出制造工艺的复杂性。

手持小风扇

一到夏天，很多人都会随身携带一只手持小风扇，随时随地给自己"降温"。在晚清时期，宫里就有了这种先进的小设备。故宫博物院藏品中，有一只"化学描金花手摇风扇"，之所以将它以"化学"命名，主要是因为这款风扇的扇柄和扇叶都是塑料制品，这在当时比较罕见。这只小风扇只有21.3厘米，扇柄上用描金工艺绘制了花卉纹的轮廓，每片扇叶上都画着一只金色飞鸟。扇柄上还有一个小巧的推钮，轻轻一推，风扇就"启动"了，非常轻便。

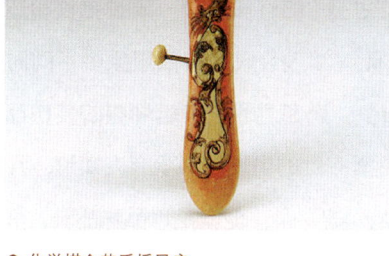

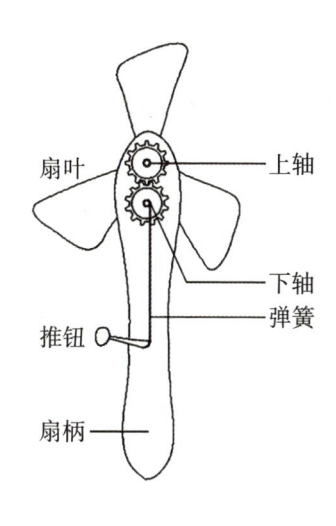

● 化学描金花手摇风扇　　　　　　　　　　● 化学描金花手摇风扇运动原理推断图

　　这款小风扇不靠电力,而是靠简单的机械原理来带动扇叶转动。推动推钮后,推钮会带动连接推钮和扇叶齿轮的弹簧,使之不断拉伸、收缩,带动上下轴和齿轮,从而让扇叶转动起来,这样风扇就可以出风了。

六 • 爱玩"COSPLAY"的雍正帝

行乐图

"cosplay"是如今亚文化中最"过瘾"的玩法之一。通过化妆和造型,加上到位的身体语言和场景还原,"变身"成现实或想象中不同时空、不同"次元"的人物不再是白日梦,跨越性别、跨越种族的装扮都是"小意思"。在"cosplay"文化日渐流行的当下,很少有人知道,几百年前的清朝也有一位爱好"cosplay"的皇帝,他就是以品味高雅、审美卓越著称的雍正帝。

故宫博物院藏有一套十三幅《胤禛行乐图》,画的是雍正帝理想中的"赏心乐事",且有瑞兽相伴。这十三幅行乐图堪称一套"cosplay写真合集"。

其中最有特点的是《胤禛行乐图·洋装刺虎》。画中的雍正帝手持三叉戟,向伏卧着的老虎刺去。他的一身装束非常"吸睛"——画中的雍正帝俨然欧洲人的打扮,头戴卷曲的假发,颈系白色领巾,上身外穿绿色鸠斯特科尔长衣、内着华丽西洋纹饰的维斯特背心,腰间系着绿色绸带,下身着带浅红纹饰的克尤罗特白色半截裤,裤口处还用蓝色长筒紧身袜包裹,脚上则是一双中式风格的黑色白底靴。

洋装像

有人认为,《胤禛行乐图》只是雍正帝想象中的"美好生活",这十三种生活方式,他未必真的一一体验过。雍正帝真的没有穿过洋装吗?并不见得。故宫博物院还藏有雍正帝的另一幅肖像画《雍正帝洋装

●［清］佚名:《胤禛行乐图·洋装刺虎》

● [清]佚名:《胤禛行乐图·杖挑蒲团》 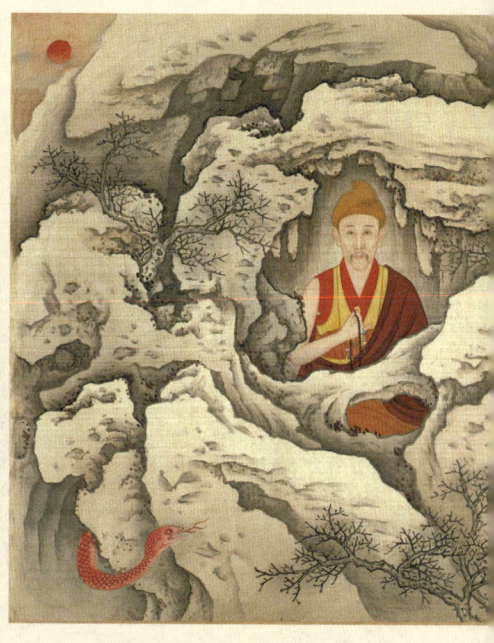　　● [清]佚名:《胤禛行乐图·洞窟修行》

● [清]佚名:《胤禛行乐图·道装练功》 　　● [清]佚名:《胤禛行乐图·竹林抚琴》

● [清]佚名:《胤禛行乐图·举桃戏猿》 　　● [清]佚名:《胤禛行乐图·持弓仰望》

● [清]佚名:《胤禛行乐图·河岸坐眠》 　　● [清]佚名:《胤禛行乐图·临流观溪》

● [清]佚名:《胤禛行乐图·山野题壁》 　　　　● [清]佚名:《胤禛行乐图·坐石远眺》

● [清]佚名:《胤禛行乐图·凭石观瀑》 　　　　● [清]佚名:《胤禛行乐图·披风观潮》

◉ [清]佚名:《雍正帝洋装像》

像》。画中雍正帝的穿戴与《胤禛行乐图·洋装刺虎》中的装束相差无几。

画中的这身装扮是典型的巴洛克风格。巴洛克风格盛行于十六世纪末到十八世纪初的欧洲，追求奢华的装饰、流畅的线条和多变的造型。受"太阳王"路易十四的影响，法国宫廷贵族男性开始流行"三件套"：鸠斯特科尔外衣、维斯特背心、克尤罗特裤。雍正帝身上穿的，正是"巴洛克三件套"。

鸠斯特科尔外衣一般用华贵的天鹅绒或织锦缎制成，属于收腰合体的"紧身"款，长度可达膝盖。衣服下摆像裙摆一样微微向外翘张。衣服前面有繁复的装饰，口袋位置很低，前门襟有一排闪闪发光的扣子，一般用金、银或珠宝做成；扣子一般不扣，或只扣一两颗，穿法与今天的西服有些类似。这种外衣的袖子也很有特点，是"大喇叭袖"，越靠近袖口越大，袖口处还有可以翻折的袖边。

在正式的宴会或郑重的公务场合，维斯特背心要和鸠斯特科尔外衣搭配。这种背心也是收腰款式，但比鸠斯特科尔外衣略短，后背开衩；前门襟的样式也和鸠斯特科尔外衣相同，上面缀有一排扣子。

克尤罗特裤有些类似现在的马裤，这种裤子是半截式收口裤，裤口与鸠斯特科尔外衣的下摆正好平齐，或比外衣的下摆略低。穿的时候需要搭配紧身长筒袜，就像"洋装刺虎"上的款式。时人认为紧包双腿的裤型才是最优雅的，所以这种裤子在裁剪方面，努力向紧身合体的方向发展。直到十九世纪中叶，长裤才逐渐取代了克尤罗特裤，成为现代西裤的原型。

雍正帝戴的欧式领巾和"羊毛卷"假发也是巴洛克中后期法国流行的装饰。这种领巾被称为"克拉巴特"。路易十四时期，守卫宫廷的克罗地亚士兵脖子上系的都是亚麻布质地的"克拉巴特"。它是当时男子服饰上不可或缺的装饰品，也是领带的前身。"克拉巴特"一般选用亚麻布、薄棉布或丝绸材质，领巾长约两米，系的时候要先在脖子上绕两圈，再系成蝴蝶结的样子。

《胤禛行乐图·洋装刺虎》与《雍正帝洋装像》很有西洋技法特点，有着明显的郎世宁笔意。意大利传教士郎世宁于康熙五十四年（1715）来华，是服务清宫时间最长的外籍画家。以郎世宁为代表的西方来华画家，创造了以油画为本、中法为辅的新画法。他们善于通过透视法、结构法以及色彩的深浅、浓淡的变化来表现人物五官的凸凹，善用侧面描绘来展示人物形象，并且非常重视对人物服饰质感的表达。

七 ● 清宫西洋乐队

明代的钢琴风

外国传教士来中国传教，也把西方乐器和音乐带到了紫禁城。

万历十年（1582），利玛窦来中国传教，于万历二十八年（1600）十二月二十一日抵达北京，向明神宗朱翊钧献礼。在利玛窦进献的礼品中，有一张"大西琴"，"其琴纵三尺，横五尺，藏椟中弦七十二，以金、银或链铁为之。弦各有柱，端通于外，鼓其端而自应"。这张琴就是击弦古钢琴，原本是传教士们的自用物品。利玛窦一行来到天津后，前来引见的宫廷太监马堂看中了这件乐器，要求将之列入献礼之中。

进献的古钢琴引起了万历帝的兴趣，他派宫内演奏弦乐器的四名太监来见利玛窦，要求学习弹奏。与利玛窦同时来京的西班牙传教士庞迪我曾学过古钢琴，于是他每天出入皇宫，给这四名太监上课。这四名太监正式向庞迪我行了拜师礼，还对着古钢琴行了礼。他们学会了一首名叫《西琴曲意》的乐曲，还给乐曲配上了颂圣歌词，令万历帝龙颜大悦。这四位明朝太监可算作我国有文字记载的最早的钢琴学习者，而西班牙传教士庞迪我则算是最早在中国教授钢琴的教师了。

利玛窦进献的古钢琴后来因年久失修，一度废弃。明朝末年，思宗朱由检偶然在库房中发现此琴，命传教士汤若望修理调试。汤若望在修琴的过程中，还发现钢琴上刻着拉丁文金字，属于"西古圣赞诵天主词章"："尔天下民，翕和斯琴，咸声赞主。以籥以歌，扬羡厥名。"琴修好后，汤若望将它与葩槐国（今巴伐利亚）国王玛西利进献的礼物一并献给崇祯帝。这些礼物中，还有一种水力推动的乐器，据说音质极好。

洋乐入清宫

清代的很多皇帝也都对西洋音乐发生过兴趣。比如康熙帝曾以传教士为师，在宫中学习过西方乐器的演奏知识。乾隆帝则干脆在紫禁城中组建了一支"西洋乐队"，请传教士做乐队教习，还在公开场合进行演奏。

康熙帝精通律吕，有着很高的音乐鉴赏水平。据传教士南怀仁回忆，康熙帝对西洋音乐发生兴趣，源于1676年葡萄牙传教士徐日升的一次风琴和古钢琴演奏。为了学习西方乐理，他特地命徐日升用汉语编写教材，指导工匠制作各种西洋乐器。徐日升编写的《律吕纂要》成了皇室的音乐启蒙教材之一，这也是我国历史上第一部用中文编写的西方乐理著作。徐日升还教会了康熙帝用这些乐器演奏出两三支乐曲。据另一位法国传教士白晋回忆，康熙帝"很喜欢西洋音乐的乐理、乐器和演奏法。在处理国务之暇，他只要认真练习几次，就能像演奏中国及鞑靼的大部分乐器一样，演奏西洋乐器"。这些西洋乐器也在宫中保存了下来，为之后成立清宫西洋乐队奠定了基础。

清宫西洋乐队的创立者是乾隆帝。据《御制律吕正义后编》记载，乾隆六年（1741），乾隆帝命能诗擅画的南书房行走张照推荐几名懂东方乐律的传教士，准备组建宫廷西洋乐队。张照在奏章中说："臣问得西洋人在京师明于乐律者三人，一名德理格，康熙四十九年来京；一名魏继晋，乾隆四年来京；一名鲁仲贤，今年十月内新到。"❶ 德理格并非等闲之辈，早在康熙朝，他就曾教习过皇子们乐理知识，还曾奉康熙帝敕命编纂过《律吕正义》的续编，也正是在这本书中，最早提到了五线谱以及"Do Ri Mi"的音阶概念。德理格还曾为康熙帝创作十二首小提

---

❶ 德理格是意大利人，魏继晋是德国人，鲁仲贤是捷克人。

● 黑漆描金山水花鸟纹琵琶

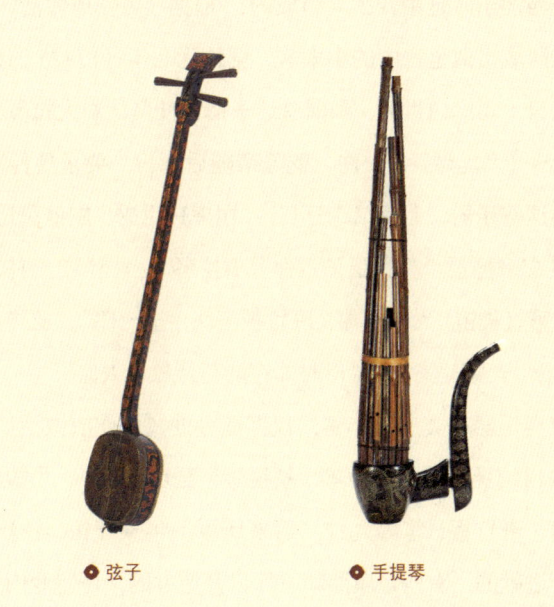

● 弦子　　　　● 手提琴

● 木黑漆描金双龙戏珠纹斗笙

琴奏鸣曲，其中有一首旋律简单的乐曲保留至今。

不过，张照在奏章中禀明，前朝"遗老"德理格已经七十一岁，还曾有过犯罪记录，"但德理格能以彼处乐器作中国之曲，魏鲁二人倚声和之立成，可知其理之同也"。在造办处的《各作成做计档案》中，果有"西洋修士"鲁仲贤奉旨入宫供奉的记录，还注明其"能知音律"。乾隆十五年（1750），乾隆帝命张照举荐名单上的魏继晋、鲁仲贤和另一位传教士那永福一起，在瀛台教琴。

这只宫廷西洋乐队是由什么人组成的？根据《各作成做活计档案》中的记录，乐队成员似是宫中的小太监。据乾隆七年（1742）的档案记载，七月十九日，司库白世秀、副催总达子请鲁仲贤认看大拉琴（低音提琴）、长拉琴（大提琴）各一件。乾隆帝随后下旨，要求鲁仲贤教内廷小太监演奏这些乐器。七月二十三日，"司库白世秀、副催总达子禀，太监高玉等又交来琵琶十件、弦子六件、小拉琴（小提琴）十件、长拉琴一件、西洋箫（长笛）大小八件、班竹板三块、笙一件"。乾隆帝随即下旨："着交与西洋人认看，收拾得时即在陆花楼教小太监。"

乐队的演奏乐器种类非常丰富，仅据造办处《各作成做活计档案》零星的档案条目统计，就有大拉琴、长拉琴、琵琶、弦子、小拉琴、长拉琴、西洋箫、班竹板、笙等九种，后来还添造了象牙笛、铁丝琴等，有些是传教士进献的，有些是康熙朝时徐日升造办的，还有令内务府造办处添置的，看起来相当于一只小规模的西方管弦乐队。

这支乐队还有统一的演奏服。乾隆十四年（1749）的档案记载，乾隆帝于十一月二十六日下旨，"西洋乐人十四名，做衣裳十四分，先画样，呈览准时再做"；十二月初八再下旨，"西洋乐人的靴子八只，着武备院成做；其扎巾八个（含随髦），交盔头作成"。可以看出，这支乐队至少有十四名队员，统一的行头包括衣裳、靴子，还有中国传统戏曲扮相中用到的扎巾和髯口，组合在一起，有种"中西合璧"的滑稽感。

这支乐队会在外国来华使团的欢迎仪式上演奏助兴。葡萄牙访华使团团长巴哲格回忆自己在乾隆十七年（1752）率团来京，在欢迎仪典上初见乾隆帝时的场景："大门口有音乐欢迎我。他们称其为欧洲音乐，其中包括大提琴、笛子和小提琴，演奏了一些神甫们教的小夜曲。"

乾隆帝还对西方歌剧产生过强烈兴趣。十六世纪中叶，意大利作曲家尼科洛·皮契尼的三幕喜歌剧《切奇娜》（Cecchina，又名《好姑娘》）在罗马风靡一时。《好姑娘》讲了一个门第悬殊、终成眷属的"才子佳人"故事：康契利亚侯爵爱上了女仆切奇娜，侯爵妹妹的未婚夫阿米多罗囿于门第之见，为侯爵如此"伤风败俗"的行为感到羞耻，于是拒绝迎娶侯爵的妹妹露辛达。伤心欲绝的妹妹恳求侯爵断绝与切奇娜的交往。而美丽的切奇娜也深陷麻烦

● 西洋军乐摇琴

的旋涡，要同时面对不择手段的追求者蒙格托以及两个嫉妒她得到了侯爵的爱情、不断给她制造麻烦的女仆朋友。经历重重波折，原来切奇娜出身高贵，是德国男爵的女儿，这位美丽善良的好姑娘与爱人终成眷属。

这部歌剧在罗马上演了整整两年，传遍整个欧洲，意大利耶稣会士也将它带到了紫禁城。乾隆帝非常喜欢这部戏，特地下旨，组织一支专门演出这部歌剧的乐队，建立一座形似舞台的"剧院"，布景要和原剧中各幕相似。在宫中排演此剧，足见乾隆年间宫中西洋音乐之盛景。

乾隆朝之后，宫中西洋乐队的声势逐渐衰落，见诸档案史料的记载较为稀少。只有零星的史料表明，光绪年间，宫中亦有西洋乐队演出。美国女画师凯瑟琳·卡尔在《一个美国女画师眼中的慈禧》中，回忆了她陪同慈禧太后和光绪帝在颐和园观看欧洲马戏的情景。她回忆，现场有两支中国乐师组成的乐队，用欧洲乐器演奏着异国的乐曲。这两支乐队，一支由直隶总督袁世凯管理，另一支由海关总税务司罗伯特·赫德爵士管理。

八 · 明清皇宫流行哪些运动项目

足球和高尔夫球是现代社会流行的两项运动。在明清宫廷内，这两项运动也十分盛行。只不过在当时，足球运动被称为"蹴鞠"，高尔夫球运动被称为"捶丸"。

蹴鞠到明清彻底式微了吗

中国是古代足球的发源地。早在两千多年前的战国时代，蹴鞠就已成为广受欢迎的军中训练项目。历朝历代的宫廷生活中，都有蹴鞠的影子。汉代宫廷中已有比较正式的蹴鞠场地和比赛规则，要求两队，每队六人。据《新唐书》记载，唐代有"寒食献球"的习俗，人们会在寒食节这一天，到郊外踏青、赏花、蹴鞠取乐。宋代有一幅《宋太祖蹴鞠图》，画的是宋太祖赵匡胤、太宗赵光义和臣子们蹴鞠嬉戏的场景。

有一种说法，因为明太祖朱元璋下令禁蹴鞠，这项运动到明清时期就彻底衰落了。事实上，明清宫廷生活中，蹴鞠依然是重要的娱乐项目，明朝皇帝中就有好几位"蹴鞠迷"。

明太祖为什么下令禁蹴鞠呢？原来，宋代以后，蹴鞠运动渐渐"变了味"。元代时，有权贵富贾借蹴鞠狎妓，到了元末，这种风气在军中蔓延，就连义军张士诚的军中，也有士兵公然赌戏蹴鞠，败坏军纪。朱元璋以此为戒，于洪武二十二年（1389）下旨，严禁军官、军人蹴鞠，违令者砍脚，发配边疆。这道禁令可不是随便说说而已，没过多久，龙江卫指挥伏颙和本卫小旗姚晏保二人因蹴鞠犯禁，被砍去右脚，全家发配云南。

不得不说，朱元璋眼光长远，很有先见之明。但后来的明朝皇帝并

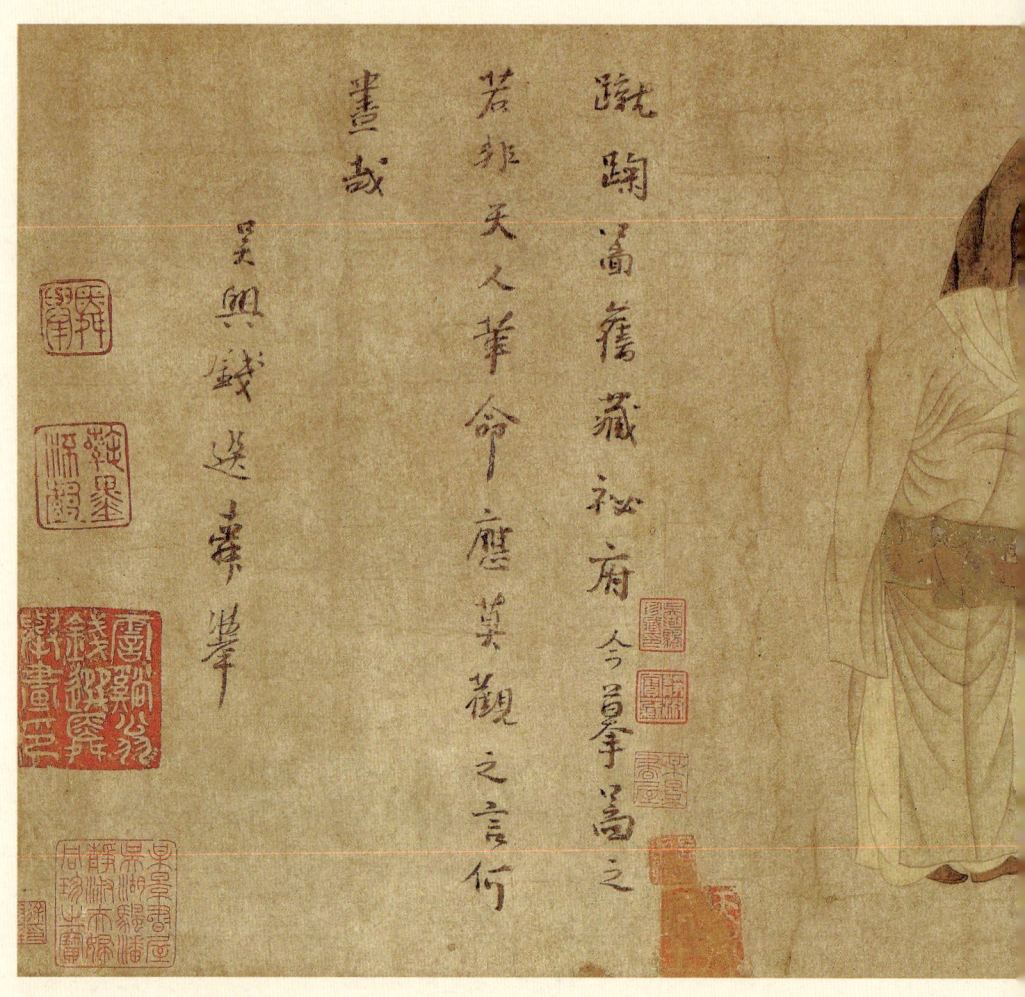

蹴鞠图旧藏秘府,今once睹筆墨之
若非天人筆命應蒙觀之言行
書哉
吴興錢選舜举

● [宋] 钱选:《宋太祖蹴鞠图》摹本

錢舜舉蹴踘圖真迹

雪川翁畫元初冠冕松雪以師禮事之其所作人物
直繼道子龍眠此圖舊藏王弇州許 湖帆秘笈

◆ 明佚名《明宣宗行乐图》中的观蹴鞠场景

不是人人都能理解他的这份苦心。这道禁令并没有成功阻止蹴鞠在明代宫廷和民间流行，明朝后来的皇帝中，也的确有因为蹴鞠败坏朝廷风气的事情发生。

　　明朝有好几位皇帝是"蹴鞠迷"，比如明宣宗朱瞻基。朱瞻基能诗擅画，写过一首《蹴鞠》诗："密密清阴接贝宫，锦衣花帽蹴东风。最怜宛转如星度，今古风流气概同。"故宫博物院藏有一幅明佚名《明宣宗行乐图》，画中有射箭、马球、捶丸、投壶等皇家行乐活动，其中就有明宣宗朱瞻基观蹴鞠的场景。画面上的朱瞻基身着便服，在御花园饶有兴致地观看几位宦官进行蹴鞠比赛，说明至少在宣宗朝，宫中已经不禁止蹴鞠游戏，皇帝会在公开场合参与到这项运动中来。

　　到了明武宗时期，情况更为夸张。明末毛奇龄的《武宗外纪》有载，明武宗朱厚照在京城中兴建虎城、象房、豹房、鹁鸽房、鹿场、鹰房等声色犬马的游乐场所，常领着小太监角抵、蹴鞠，对陪他蹴鞠嬉戏的人，甚至不问出身来历。《明史》中提到，武宗时期，霸州有个大盗张茂，重金贿赂了武宗身边的御马太监张忠，和他称兄道弟。一日，张忠竟把张茂带到豹房，让这位无恶不作的盗贼侍奉武宗蹴鞠。明朝末年，"木匠皇帝"熹宗朱由校也喜欢蹴鞠，《天启宫词》中有诗云："青红锦罽地衣光，秘殿安排蹴鞠场。却见背身惊蹢送，采珠偏打御肩旁。"诗注中提到，当时熹宗与魏忠贤玩蹴鞠的地点就在永寿宫。朱由校的男宠高永寿也爱蹴鞠，还怂恿皇帝在原先的蹴圆亭之外，又另造了两间蹴鞠堂。

宫中女眷也有蹴鞠高手，但女子蹴鞠不像男子蹴鞠那样对抗激烈，更似娱乐表演，展现的是女子的柔美。明末崇祯帝的宠妃田贵妃就因精通蹴鞠而倍受宠爱，在很多歌咏崇祯朝宫廷的诗词中都有记载。明末"江左三大家"之一的吴伟业，曾在崇祯朝任翰林院编修，他有一首咏崇祯帝和田贵妃的《永和宫词》，称赞田贵妃"丰容盛鬋固无双，蹴鞠弹棋复第一"。清初王誉昌也很熟悉崇祯朝故事，《崇祯宫词》中也有关于田贵妃和宫女们蹴鞠的描写："锦罽平铺界紫庭，裙衫风度压娉婷。天边自结齐云社，一簇彩云飞更停。"后妃、宫女们一改弱柳扶风的形象，在球场上英姿飒爽，田贵妃更是风姿出众。我们可以从明人杜堇绘《仕女图卷》中看到后宫女眷蹴鞠的场景。这幅长卷中，几名宫廷仕女在树下的空地上蹴鞠，衣袂飘然，姿态是说不出的娇柔。

到了清代，蹴鞠渐渐与冰上运动融合，发展出了新的玩法——冰上蹴鞠。冰上蹴鞠也叫冰上足球或"踢形头"。因为满人崇尚冰嬉，每年冬天都要"令八旗与内府三旗简习冰嬉之技"。清代的冰上蹴鞠集军事训练与游艺功能于一体，很受皇帝们重视，乾隆帝专门写过一篇《冰嬉赋》，文中提到了冰上蹴鞠的重要意义："复有革戏，其名圆鞠。汉家有执机之謩，黄帝作练戎之俗，武由是习兮，其争也君子，好谋而成兮，

● 明杜堇《仕女图卷》中的蹴鞠场景

如祭则受福。"乾隆帝认为，古来就有蹴鞠练兵的传统，冰上蹴鞠不仅能锻炼士兵的身手，还能培养他们的战术意识和在战场上的机变。赋中还提到皇家举行冰上蹴鞠时的盛景：冰面上"历天之旗""昭云之盖"密密麻麻迎风招展，"珠球一掷，虎旅纷来……未拂地兮上起，忽从空兮下回"。

《帝京岁时纪胜》对冰上蹴鞠的比赛规则作了比较详细的介绍：参赛选手一般分作红、黄两队，每队数十人，设一名领队，所有参赛者都脚穿冰鞋；比赛时，由御前侍卫将一只皮球高抛至半空；球落时比赛开始，两队互相争抢，以得球的一方为胜。随后，由输的一队再将球踢到远处，双方进行下一轮争夺。这场皇家"冰上球赛"一般在哪里举行呢？据《养吉斋丛录》记载，一般是在岁末十二月，冰面已然上冻之时，在三面结冰的西苑三海举行冰上蹴鞠比赛。这里的西苑三海，就是今北京市北海公园附近水域。比赛地点也并非完全固定，有时会在五龙亭、阐福寺或瀛台进行。比赛时皇帝会亲临现场，对赛场上表现骁勇者进行嘉奖。

皇家"冬运会"

古代的冬季冰上运动不止冰上蹴鞠这一项。故宫博物院藏有清代宫廷画家张为邦、姚文瀚合绘的《冰嬉图》，记录了乾隆年间一次盛大的"皇家冬运会"。每年农历十月，八旗及前锋统领、护军统领等处，都会从所管辖的兵丁中挑选二百名滑冰能手组成"冰嬉队"，总队员人数可达一千六百名。冬至后，皇帝会到瀛台等处观看冰嬉。所有参加表演的兵士要按八旗颜色着装，按顺序列队，在冰上表演各种复杂的冰嬉动作。莹白的冰面上旌旗飘舞，彩衣斑斓，冰嬉队员们的身姿翩若游龙，技巧水准丝毫不逊于现代滑冰运动员，场面非常壮观。

这一年一度的冰上盛会堪称"皇家冬运会"。"冬运会"上有哪些项目？从《冰嬉图》来看，主要的运动项目有速度滑冰、花样滑冰、冰上射箭等。

"速度滑冰"项目在清朝被称为"抢等"。《冰嬉图》上画的"抢等"场景有些表演赛的性质，但从《养吉斋丛录》的描述看，"抢等"是完完全全的"冰上竞速"比赛：赛程一般有两三里远，重点设置在皇帝的御用兵床附近。参赛队员们穿上木质的冰鞋，等起点鸣炮声一响，便"作势一奔，迅如飞羽"地滑出去，向终点飞奔。整个比赛过程不计时，先到者为胜。皇帝根据参赛队员的成绩由高至低，赐以头等、二等奖赏。

《冰嬉图》上还展示了花样繁多的"花滑表演"。仅单人滑就有金鸡

●［清］张为邦、姚文瀚：《冰嬉图》（局部）

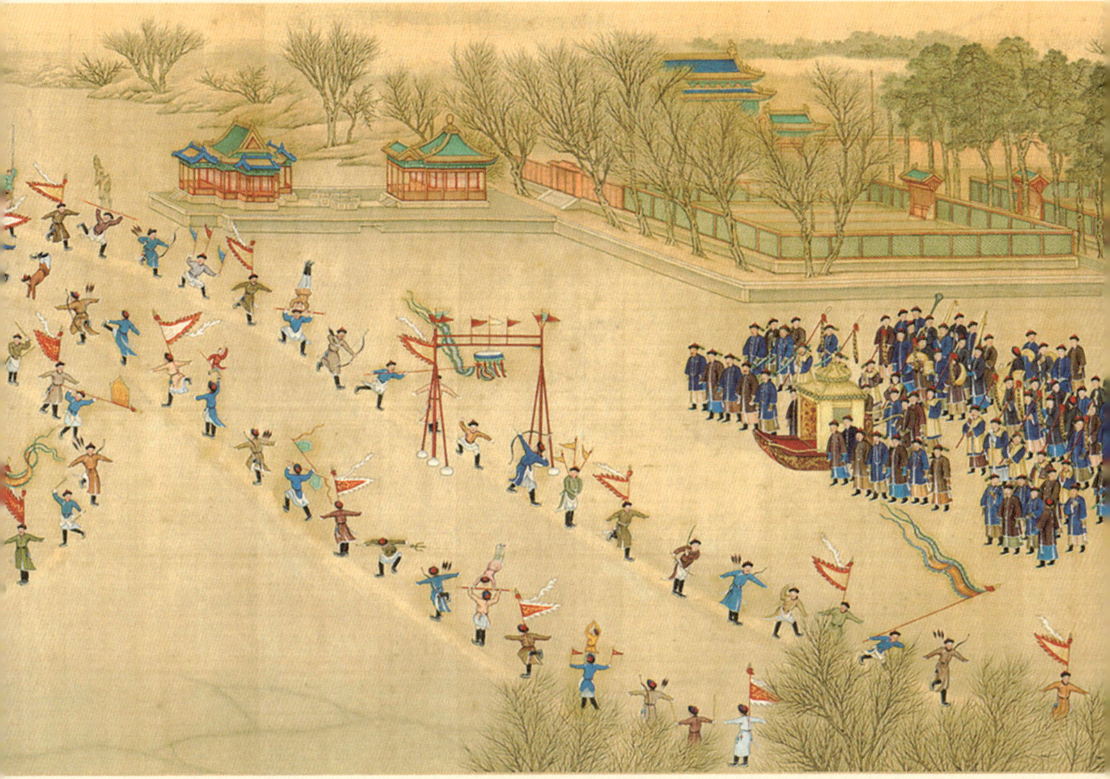

● 骲箭

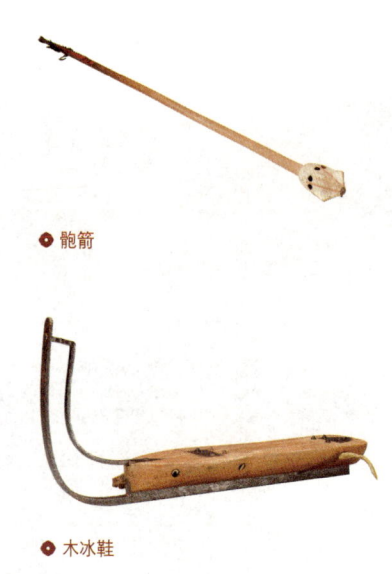

● 木冰鞋

独立、鹞子翻身、凤凰展翅等,还配合着各种"杂耍表演",比如舞刀、挥剑、耍棍、张弓、掷枪、扬旗、弄叉,等等。还有双人滑、多人滑等高难度动作,有的组合是一人斜伸长矛,一人站在长矛端部;有的是一人竖举竹竿,一人立在竿顶;还有一人将长棍平举过头顶,让另一人站在棍子中央耍大旗……多人滑则好像"叠罗汉",一般是两名队友并立在下,第三人站在二人肩膀之上,做出摇旗、倒立等高难度动作,反映出清代"花样滑冰"的高超技艺。

　　清代冰嬉运动中还有冰上射箭项目,叫做"转龙射球"。据《养吉斋丛录》记载,"转龙射球"是团体赛,以小组为单位,每组三名队员:一人背插旌旗,在前带路;其余二人在后,手持弓箭。参加比赛的小组可达两百个,以八旗颜色为序,在冰上盘旋,远看犹如一条蜿蜒游动的巨龙,故名"转龙"。在皇帝冰床的不远处,设有一只木制门架,门架横梁正中悬有两只毛皮球,在上的为"天球"，在下的为"地球"。当转龙队伍滑到门架附近时，会突然加速，两名射手分别瞄准天球和地球张弓射箭，射中者便会得到皇帝的奖励。射球所用的多为"骲箭"，这种箭为木质或骨质，箭头上有小孔，射箭时会发出声响，烘托比赛气氛。

明清宫廷里的"高尔夫球"运动

高尔夫球运动起源于十五世纪的苏格兰。在我国古代，有一种与高尔夫球运动高度相似的娱乐活动——捶丸游戏。捶丸是从唐代的"步打球"演变而来，至少在五代时就已出现，据说宋徽宗、金章宗都喜欢捶丸。元明时，捶丸已在社会上蔚然成风，成为上至王公贵族、下至平民百姓都很钟爱的娱乐活动，男女老少都愿意一试身手。元代甚至有一本关于捶丸的专著《丸经》，详细介绍了捶丸游戏的场地、器械、规则等，可见这项运动在当时社会上的风靡程度。故宫博物院藏的《明宣宗行乐图》中，就有明宣宗朱瞻基亲自参与捶丸游戏的场景。明人杜堇所绘的《仕女图卷》中，也有仕女捶丸的场景。这项中国古代"高尔夫球"运动的玩法是怎样的呢？

先来看场地。打高尔夫球需要开阔平整的场地，有发球区、球员通道、障碍区、球洞区，捶丸的场地和高尔夫球的分区有诸多类似之处。据《丸经》记载，捶丸的场地有"平""凸""凹""峻""仰""阻"等多种类型，每块球场都有明确的分区，包括"基"（发球台）、"坄"（球道）、"阻"（障碍物）、"窝"（球洞周边）等。发球台是用土垒成的，约一尺见方。球场上设有若干个球窝，上插彩旗。《明宣宗行乐图》中的场地看上去是御园的平地，场上有十个球窝，但在赛场上设有砖台、大树等障碍，增加了游戏的难度。明宣宗站的地方就是球道所在。

◆ 明佚名《明宣宗行乐图》中的捶丸场景

再说捶丸的"球具"。捶丸用的球是用赘木制作的。所谓"赘木",是树木上突出长瘤的部分,上面还要有木结的凹纹。与用表面光滑的木料制成的球相比,用这种木料制成的球在空气中遇到的湍流阻力更小,能飞得更远。

捶丸的球杆和现在的高尔夫球棒也有相似之处,前段都是弯曲状。具体来说,不同场地各有适合使用的球杆。比如适合平坦场地的撺棒,前端较为宽平,适合打地滚球。适合凹形场地的杓棒,前端呈鹰嘴弯曲状,可用于击球进窝。还有一种前端较宽平的扑棒,是用来击高球的。球杆选用"秋冬之木"制成,古人认为此时的树木富含树液津气,质地更坚硬、更牢固。球杆的手柄一般用南方的大竹子制成,手感沉实厚重。制作球杆的时机也有讲究,一般在春夏之交,因为这时气候温暖,便于熬制粘球棒用的牛筋胶。

捶丸的规则也和高尔夫球颇有类似之处。在一局游戏中，每个球窝可击三棒，参赛选手从发球台位置开始击球，此为第一棒，如果第一棒就直接击球入窝，得三筹。如果球没有入窝，第二棒须从球停留的位置开始打，这一棒如果击球入窝，得两筹。如果仍然没有击中，那么再从停球位置打第三棒，此时击球入窝，得一筹。从《明宣宗行乐图》看，明宣宗站立的位置已不在发球台上，说明他已经挥过一棒，应该是在打第二或第三棒了。

　　此外，球场上还有许多细致的规定。比如每名"参赛选手"都可以带伴当入场。从图上看，明宣宗至少带了十余名伴当，每名伴当与球窝之间都有相当一段距离。再比如球窝周边五尺内不得有人走动，以防踩过的场地留有坑洞，干扰比赛效果。再有，挥棒不能过球窝，如果过了球窝，就算碰到了球，也会被算作打了"挂窝球"，如果没碰到球，也

● 明杜堇《仕女图卷》中的捶丸场景

算打过一棒,不能再重打了。此外,击球入窝的过程中,如果误击了他人的球,算输;伴当在他人球道上行走,算输;随意移动并排的两球,也算输。游戏结束时清点筹数,多者获胜。

九 • 皇帝的宠物

偌大的紫禁城，长居于深宫禁苑的皇帝和后妃们也喜欢和"毛孩子"作伴。养在紫禁城里的皇家宠物，既有狗、猫、蟋蟀、鸽子这样的寻常动物，也有豹子、孔雀等平民百姓家难得一见的奇珍异兽。明代好几位皇帝喜欢养猫，清代好几位皇帝则喜欢养狗，紫禁城中养蟋蟀的风气长盛不衰，而如今京城里"飞入寻常百姓家"的鸽子，也曾在宫廷娱乐中扮演过重要角色。寂寂深宫，这些小动物或多或少曾给宫墙之内的人们带来片刻的温暖与慰藉。

明清皇帝的爱犬

明清两朝皇室中，很多人都有自己的爱犬。但细究起来，两朝皇室对狗的偏好却有所不同，明朝皇帝多养"细犬"，清朝皇帝则更偏爱哈巴狗。所谓"细犬"，是我国山东一带土生的猎犬。这种狗的头又长又窄，脖子和四肢也是又细又长，身形很苗条，奔跑能力强、耐力好，弹跳力惊人，特别擅长在狩猎中大显身手，还有很强的护卫能力。故宫博物院藏有一幅明代绘画《四犬图轴》，画着四只在牡丹花下小憩的宫廷猎犬，右边最显眼的一只就是细犬。

● 晋代青釉狗圈

◆ [明] 佚名:《四犬图轴》

●［明］朱瞻基：《双犬图》

　　明朝的永乐帝、宣德帝、崇祯帝都爱狗。能书擅画的宣德帝朱瞻基画过一幅《双犬图》，画上的两只狗也是细犬。这两只细犬一只叫"赛虎"，一只叫"赛狼"，是他祖父永乐帝朱棣送的。朱瞻基每次随祖父打猎，都离不开"赛虎"和"赛狼"。这两只狗不但极通人性，而且十分骁勇，每当发现猎物，总是奋不顾身地冲在前面，直到主人抓住猎物方才罢休。一年秋天，两只御犬在猎虎时，为救主人被猛虎咬死。朱瞻基非常伤心，画下这幅《双犬图》挂在宫中，表达对爱犬的怀念。

　　满人尚武，爱狗之风更胜前朝，清代紫禁城中就有专设的狗房。朝鲜官员李民寏撰《建州见闻录》中记载，清太祖努尔哈赤曾下令全国禁止杀狗，并把狗作为崇拜的图腾之一。雍正帝在养狗上也颇费心思，在位期间，曾多次下旨为自己喜欢的小狗制作狗笼。这些狗笼的细节十分考究，里外都要吊"氆氇"，下铺羊皮，里面还有毡垫和布垫，既厚实又保暖。

　　作为"大清第一 coser"，雍正帝也曾给自己的爱犬做过"cosplay"造型。据《内务府造办处档案汇总》记载，雍正帝曾下令给自己的爱犬

"造化"做过麒麟服、老虎服、狮子服,还特地要求要用鼠皮做。另一只叫"百福"的狗,则得到了一件纺丝软里的麒麟套头。没过几天,雍正帝就因为"百福"的麒麟套头又大又硬,不合适穿戴,又特地下旨命造办处重新改小,还嘱咐匠人要在套头里增加棉花软衬。以勤政闻名的雍正帝,现存朱批的汉文奏折至少有三万五千件。如此日理万机的他,竟还要抽出时间,亲自督办制作狗窝、狗衣这样琐碎的内廷事务。由此,我们也从中窥见了帝王生活中柔软而富有烟火气的一面。

乾隆帝也非常喜欢狗。故宫博物院珍藏着一套郎世宁弟子、宫廷画师艾启蒙绘制的《十骏犬图》,每幅画都以对开页形式呈现,左侧还有大臣汪由敦、梁诗正的题赞。这十幅爱犬的"写真"体现了中西合璧的风格,背景都是东方绘画中常见的山水、树木,但狗的肖像突显了西方素描技法的写实特点。

《十骏犬图》入画的都是乾隆帝喜爱的细犬种,每一只都有威风凛凛的名号:漆点猣、霜花鹞、睒星狼、金翅猃、苍水虬、墨玉螭、茹黄豹、雪爪卢、蓦空鹊、斑锦彪。这里挑几只比较有特点的来介绍。例如"漆点猣"的"猣"字颇有来历,据《尔雅》记载,"猣"是对生三子的狗的专有称呼,生二子的狗叫"师",生一子的狗则被称为"獥"。"睒星狼"来自科尔沁草原,体型如狼,双目如电,故而得到了这样一个威风的名号。体型最小的"斑锦彪"有着美丽的斑锦纹,蹲坐在山石上,姿态有种小虎的优雅。

乾隆帝自诩为"十全老人",曾自我总结一生有"十全武功":"予临御六十年中,大武远扬,如平准噶尔二次,平回部一次,扫金川二次,靖台湾、降安南、缅甸各一次,定廓尔喀二次,十奏肤功,向曾为十全记,以纪其事。"这"十骏犬"也有"十全十美"的寓意。不仅如此,这十只狗深得乾隆帝的欢心,背后也有深远的政治寓意。一方面,清朝皇

◆《乾隆帝像》

●［清］艾启蒙:《十骏犬图·漆点猣》

●［清］艾启蒙:《十骏犬图·霜花鹞》

●［清］艾启蒙:《十骏犬图·睒星狼》

●［清］艾启蒙:《十骏犬图·金翅狯》

［清］艾启蒙:《十骏犬图·苍水虬》

［清］艾启蒙:《十骏犬图·墨玉璃》

［清］艾启蒙:《十骏犬图·茹黄豹》

［清］艾启蒙:《十骏犬图·雪爪卢》

［清］艾启蒙:《十骏犬图·蓦空鹊》

［清］艾启蒙:《十骏犬图·斑锦彪》

帝每年都有带领王公大臣、八旗精兵狩猎的习惯，以此养兵练兵。皇帝围猎时，凶猛敏捷的细犬随785进哨，帮助围狩猎物，也能提振士气、扬助军威。另一方面，"十骏犬"多为蒙古、西藏、新疆等部落进贡，乾隆帝命宫廷画师将这些骏犬的形象画下来，不仅象征着大清对蒙、疆、藏、回等外藩的控制，也彰显了清朝统一四方、驾驭边疆各部的政治影响力。随着围猎活动的次数增多，乾隆年间宫廷对细犬的需求也随之增大，内务府增设了内、外养狗处，内养狗处在东华门内，外养狗处在今北京市东城区南池子大街附近。

到清朝后期，军备废弛，王公贵族享乐之风日盛，这时骁勇的细犬已经不再是王孙公子们的"最爱"，乖巧温顺的哈巴狗成了后宫"新宠"。道光十四年（1834），在宫廷画家贺世魁绘制的《道光帝喜溢秋庭图轴》中，道光帝与全皇贵妃坐在亭中纳凉，含笑看着年幼的四阿哥奕詝和六公主给两只嬉戏打闹的哈巴狗助威。阶前的甬路上，着红衣的六阿哥奕䜣与生母静贵妃正欲往皇帝身边，年幼的六阿哥却被身前撒娇的小哈巴狗吸引，忍不住回身逗弄。其乐融融的皇家日常中，哈巴狗已经成为晚清深宫之中温暖的慰藉。

故宫博物院还藏有一幅宫廷画家黄际明、李廷梁所绘的《九犬图》，画中的九只狗都是乖巧漂亮的哈巴狗，上方钤"端康皇贵妃御览之宝"。端康皇贵妃就是光绪帝的瑾妃。瑾妃姿貌平平，性情低调谦和，泰然无争，养狗成了她寂寞时寄情的一种方式。《九犬图》中的九只小狗都有好听的名字：墨子、墨球、栀子、小横、松子、墨匙、狮子、小点和墨牡丹，每只都被精心打扮过，有的脖子上系着漂亮的绸带，有的头上束着精致的小辫，一看便知它们被主人精心照料着。

慈禧太后也非常喜欢哈巴狗，对狗的宠爱甚至超过了清朝任何一位皇帝。她曾在紫禁城的后花园中养了一千多只狗，这些狗大都是哈巴狗。

●［清］贺世魁：《道光帝喜溢秋庭图》（局部）

◉ 〔清〕黄际明、李廷梁：《九犬图》

她给自己养的每一只狗都取了名字，毛色很纯的黑色小母狗叫"黑玉"，全身乌黑、四肢雪白的小公狗叫"乌云盖雪"；黑玉与乌云盖雪生下了四只狗宝宝，其中一只额头中间有一块白斑，因此得名"斑玉"。还有毛色深黄和棕黑相间，颇似虎皮的"小虎"；头颈上长着大团银色绒毛，通体毛色棕黑的叫"海龙"；四只身体小到可以放在手心里、笼在衣袖中的小狗，白的叫"雪球"，略带紫色的叫"雨过天晴"，灰色的叫"风"，银灰色的叫"月亮"……慈禧太后能够清楚地记住每只小狗的名字，无论见了谁，都可以唤出名字来。其中四只黑中带灰、灰中带紫的小狗，身材和毛色都很像，常人根本分辨不出区别，慈禧太后给它们起了雅致的名字：一名秋叶，一名琥珀，一名紫烟，一名霜柿，竟是无不吻合，任谁见了都无法更易只字。

慈禧太后每次路过御犬厩，都会忍不住进去瞧瞧她的爱犬，有时对狗的关心甚至超过了朝政。德龄在《御香缥缈录》中回忆，一天清晨，慈禧太后正要上早朝，一名太监激动地跑进来向她报喜："黑玉生了四只小狗。"太后闻讯欣喜异常。因心系爱犬，她早朝时便流露出焦灼的情绪，说话比往常急了许多。所有的奏章，当殿一概不看，只命太监们收起来再说。退朝后，她立即换上便服，急匆匆前往养狗处探望刚刚生产的黑玉和小狗。

慈禧太后还深谙驯狗之道，闲暇时常命人把爱犬抱到面前，训练它们，以此解闷。她认为狗的口鼻要翻过来才好看，于是让太监们在棍子上绑一块肉或肉皮，再把棍子拿高，引逗小狗不停地用嘴去舔、向上顶，久而久之，狗的嘴巴就会变宽，鼻子也会翻过来。为了让狗的尾巴上卷，她安排太监在小狗初生时截去尾巴的最末一节。为了得到垂耳狗，她会在小狗初生时，就用一种粘胶在两只耳朵尖粘上一块小石子或几枚制钱，吊上半个月左右。德龄回忆，慈禧曾亲自向她传授过狗狗的"美容

● 慈禧太后旧照

瘦身秘诀":"一头哈巴狗在渐渐长大的时候，第一不可给它多喝水，要是水一多喝，它的身子便会长得太细太长了；第二不可多给它吃牛肉或猪肉，否则它的身子就会变得太粗太短了，又是不好看的。所以它们的饲料必须配合得十分适宜。"

慈禧太后还很重视训练小狗"长本事"，比如"打圈子""站立""作揖"等。下朝之后，每当慈禧太后来看望她的爱犬时，太监都会先让小狗们向太后"打圈子""直立"行礼。等所有的狗全站直了，训狗的小太监会再喊出最后一道口令："给老佛爷拜拜！"于是，这些小狗就同时齐声叫起来，摇晃着两条前腿，上上下下地给太后作揖，场面十分滑稽。

在生活上，慈禧太后也给予了这些爱犬无微不至的照顾，它们的吃穿用度都极为奢侈。她命内务府造办处为她宠爱的狗制作狗衣，比雍正时期的用料更为讲究。故宫博物院现藏有十余种光绪年间的锦缎狗衣，用色和花样都极为考究，如黄云纹缎、月白闪缎、红色闪缎、湖色缎洋花、雪青缎洋花、葡萄灰缎大洋花和蓝缎大洋花等。

这些御犬一日三餐以牛羊鹿肉为主，喝的是鸡鸭鱼汤，住的是用竹片搭建成的缩小版宫殿"御犬厩"，由专职的养犬太监管理。负责管理御犬的专职太监有四位，一位主管，三位帮办。他们虽然名义上是御犬的管理者，实际上却是在"侍奉"，哪里敢轻易打骂御犬，只能小心翼翼地侍候周全。平时宫里的太监遛狗，不是人牵着狗，而是狗牵着人，任由狗随处转悠，太监们丝毫不敢"得罪"。这些金贵的小狗若有半点闪失，太监们就会被严厉问责。

一只名叫"海龙"的长毛狮子狗，慈禧太后不论到哪都要抱着它，连它的饭食都要亲自检验。德龄在《御香缥缈录》一书中回忆，一年慈禧太后心血来潮去奉天参拜祖先宫殿，在开往奉天的专列上，爱犬海龙作为除慈禧之外的头等重要旅客，被安排住在标注为"小朝廷"的奢华

◆ 清宫哈巴狗旧照

◆ 清光绪黄云纹缎犬衣

房间里。而那些随行的朝廷官员，无论官职高低，却全部挤在一节小小的车厢。现存的慈禧太后旧照中也有爱犬海龙的身影。这些旧照大部分出自清宫首位"御用摄影师"勋龄之手。勋龄为慈禧太后拍摄的第一张照片，是她在颐和园乐寿堂前的留影。照片中，慈禧太后被一大群后妃、宫女、太监簇拥在中间，大总管李莲英、二总管崔玉贵在前开路，地上趴着的正是倍受宠爱的海龙。

美国女画家凯瑟琳·卡尔曾在清宫中生活过很长一段时间，为慈禧太后画了九个月的肖像。据卡尔回忆，慈禧太后的哈巴狗都是精心培育的良种，皮毛上的斑点对称，光滑的长毛极为漂亮，而且非常聪明，颇得太后喜爱。其中一只是斯凯梗，极为伶俐，善耍把戏。只要主人一声

● 勋龄为慈禧太后拍摄的第一张照片

令下,它就躺倒装死,不管有多少人上前说话,不到太后亲自呼唤时绝不起来;另一只是淡褐色的哈巴狗,长着一双水灵灵的大眼睛,对主人忠心不贰。

在清廷的九个月里,凯瑟琳·卡尔为慈禧太后画了四幅肖像。其中有一幅"生活照",是只给亲近之人看的,画中的慈禧太后只穿家常衣服,未戴满式头饰。卡尔建议太后把两只爱犬牡丹、海龙也画上去。太后欣然同意,吩咐用"过节的衣服"给海龙装扮,于是海龙穿上了开着两朵大菊花的鲜亮外衣。画成之后,慈禧太后对画上的两只小狗非常感兴趣,似乎认为这两只小动物画得比自己的肖像还要好。卡尔绘制的四幅慈禧太后肖像中,一幅珍藏在美国国家博物馆,一幅珍藏在故宫博物院,遗憾的是,带小狗的那幅家常肖像和另外一幅模范小画至今下落不明。

八国联军攻陷紫禁城后,慈禧太后化装成农妇仓皇出逃。危难关头,

● 凯瑟琳·卡尔像

她连皇宫中最珍贵的宝物都没有顾及，却未曾丢下她的爱犬。她让小狗们坐在头几批的轿子里，和自己一同离开皇城。无法带走的狗，慈禧太后下令处死，不让它们落在八国联军手中。

慈禧太后的爱犬还曾作为外交工具，承担着与中外交往的使命。

《辛丑条约》签订之后，慈禧太后重返紫禁城。在此后的外交往还中，她将哈巴狗作为礼物，送给西方的重要政治人物。她曾从自己的爱犬中亲自挑选了两只京巴，分别送给美国总统罗斯福的长女爱丽丝·李·罗斯福·朗沃斯和摩根银行的创始人约翰·皮尔庞特·摩根。光绪三十二年（1906），京巴犬在美国养犬俱乐部正式登记注册，这两只小狗可以说是率先登陆美国的"赴美京巴祖先"了。

光绪三十四年（1908）十月二十二日，慈禧太后在北京去世。葬礼上，走在队伍最前面的是太监总管李莲英。李莲英怀中抱着的是太后生前极为喜爱的小狗"牡丹"。终其一生，慈禧太后都是一位不折不扣的爱狗人士，诚如德龄所述"从某种意义而言，这些狗成为慈禧晚年的安慰,是她可信的宠伴。唯有狗才能给她带来快乐,唯有狗才能在尔虞我诈的宫廷斗争中值得她信任。因而在她的心中,狗的地位甚至高过朝廷重臣。"

是皇帝也是"猫奴"

现如今,故宫里的猫成了这座巨大的博物院中一道新的风景线。据统计,如今在宫里"安家落户"的故宫猫有两百多只。常有人好奇,宫里的猫从何而来?这些猫中,有从宫外跑进来的流浪猫,也有不少是一直养在宫中的"御猫"们的后代。

自明朝起,紫禁城就有养猫的传统,最初宫里养猫的目的很实用。紫禁城的房屋都是木质结构,皇家养猫的一个重要目的是防止鼠患。另一个重要目的是将它们当作"活教材",做皇家子弟的性启蒙"老师"。清代文人抱阳生在《甲申朝事小纪》中记载:"国初,设猫之意,专为子孙生长。深宫恐不知人道,误生育继嗣之事。使见猫之牝牡相逐,感发其生机。"

明朝皇帝中有好几位"猫奴"。明宣宗朱瞻基雅好丹青,画过不少与猫有关的画,比如《花下狸奴图》《壶中富贵图》《仿元王渊五狸奴图》《仿宣和笔耄耋图》《猫轴小横披》等,其中有一幅《仿宣和笔宫猫图》,上有七只形态各异、栩栩如生的小猫。画上还有重臣杨士奇的题诗,把"皇家御猫"夸得十分威风:

有狸有狸,或白或黄,黄者猥缩,威敛而藏,捈身抖擞,白雄且犷,我皇图之,妙尽厥状,猛虎在山,百兽股战,静者蓄威,动者御变。

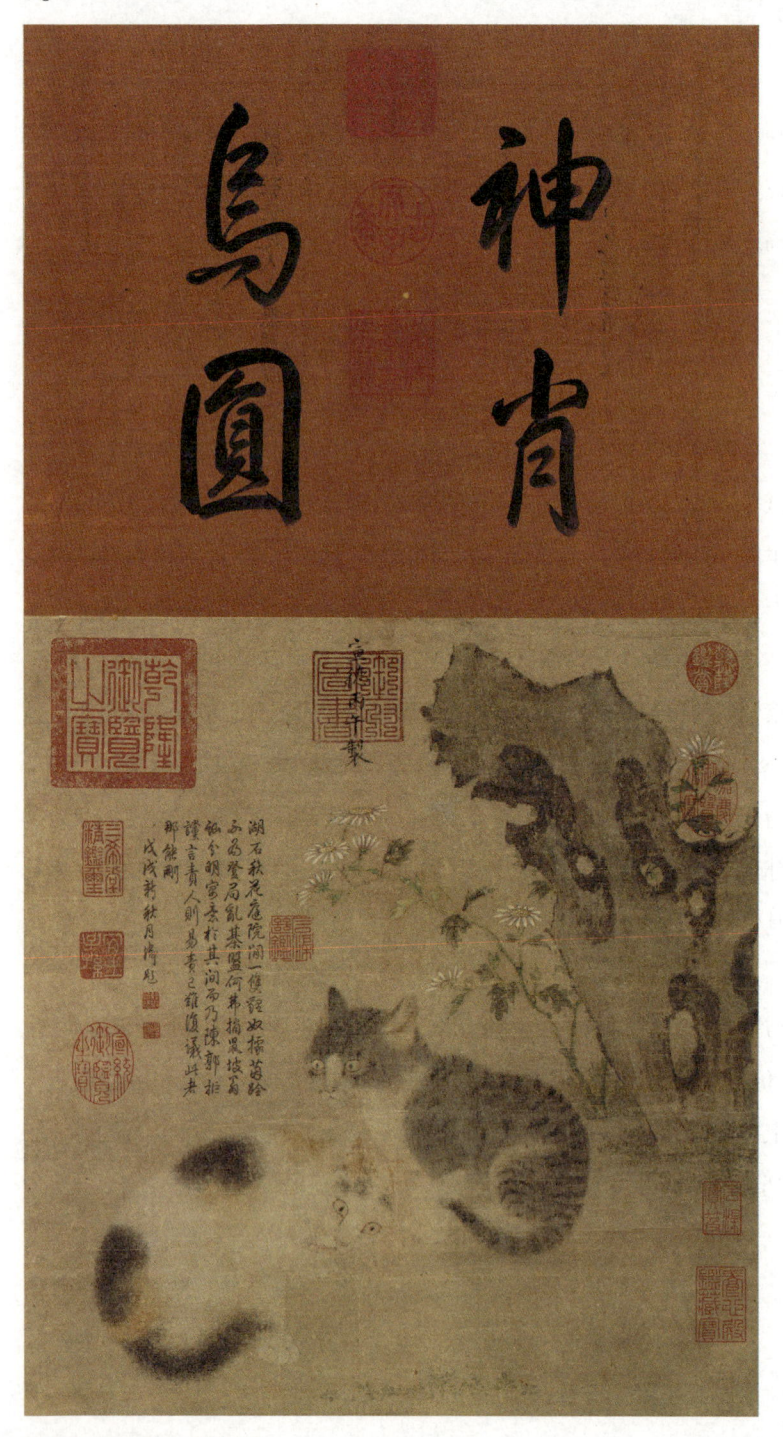

●［明］朱瞻基:《花下狸奴图》

题彼诩诩,胡然逐逐,啸侣鸣俦,群焉兴瞩,乃知睿虑,无大无小,罔敢戏豫,允乎至道。

宛转作势,闲整自持,或如游龙,或类伏狮,硕果不食,以游以嬉,乐我皇道,牙爪是司。

嘉靖帝朱厚熜对猫的宠爱也很"夸张",留下了"金棺葬猫"的掌故。据《日下旧闻考》记载,嘉靖帝曾养过一只猫,毛色淡青,双眉雪白,因之名为"霜眉"。霜眉似乎很懂嘉靖帝的心思,主人一起身,它就会主动跑到前面去给他"带路",晚上也会陪着皇帝睡觉,一刻也不离开。霜眉死后,嘉靖帝非常伤心,下令把它安葬在万岁山,还特意立了一块碑,上书"虬龙冢"。《万历野获编》中记载了另一段与之相关的故事,说嘉靖帝养的一只狮子猫死了,他非常痛心,竟然下令为这只猫打造一副金棺,安葬在万岁山上,还命朝廷官员给这只猫写超度文。时任吏部左侍郎的袁炜写出了"化狮成龙"的阿谀之词,嘉靖帝看后大喜,立刻给他官加一品,升任其为礼部尚书。后来袁炜一路升官,还被加封为太子少保,仍入直西苑,供撰写青词。结合两段史料来看,霜眉大抵就是袁炜"贺唁"的那只狮子猫。

天启帝朱由校爱猫几乎到了荒诞的地步。据清人姚元之《竹叶亭杂记》记载,天启年间的猫儿房里养了很多宫猫。其中的公猫被称作"小厮",母猫则叫"丫头",有的猫还被封官,称作"某老爷"。《万历野获编》中有更为详细的记载:这些猫因为受到天启帝的宠爱,在宫中飞扬跋扈,不可一世。即使碰到了尚在哺乳期的皇子、公主,也会嗷嗷叫着扑上去,吓得年幼的孩子浑身哆嗦,乳母们却往往敢怒不敢言,可见天启帝对猫的骄纵程度。

清朝皇帝大多喜欢养狗,但猫依然"宠冠后宫"。《清代文书档案图

[明]朱瞻基:《仿元王渊五狸奴图》

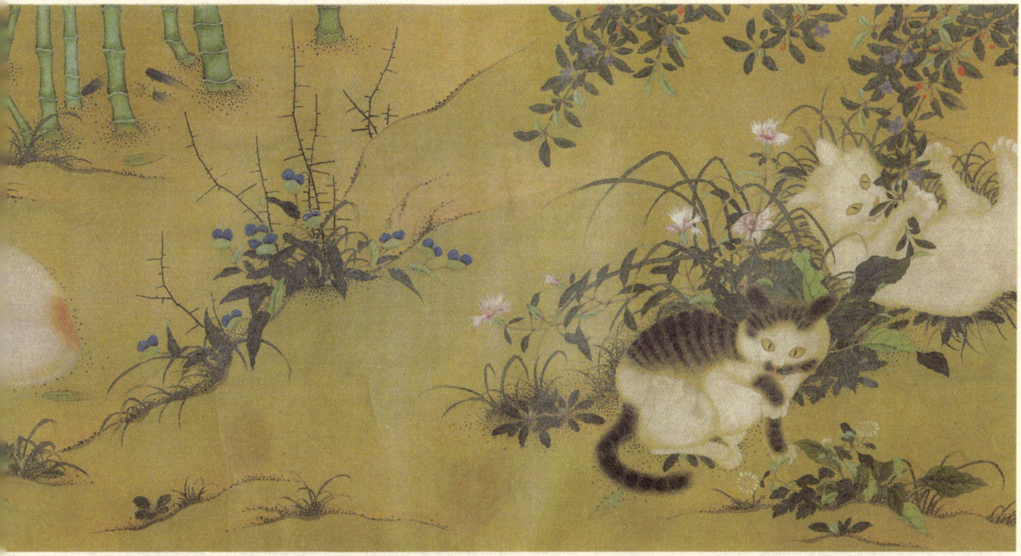

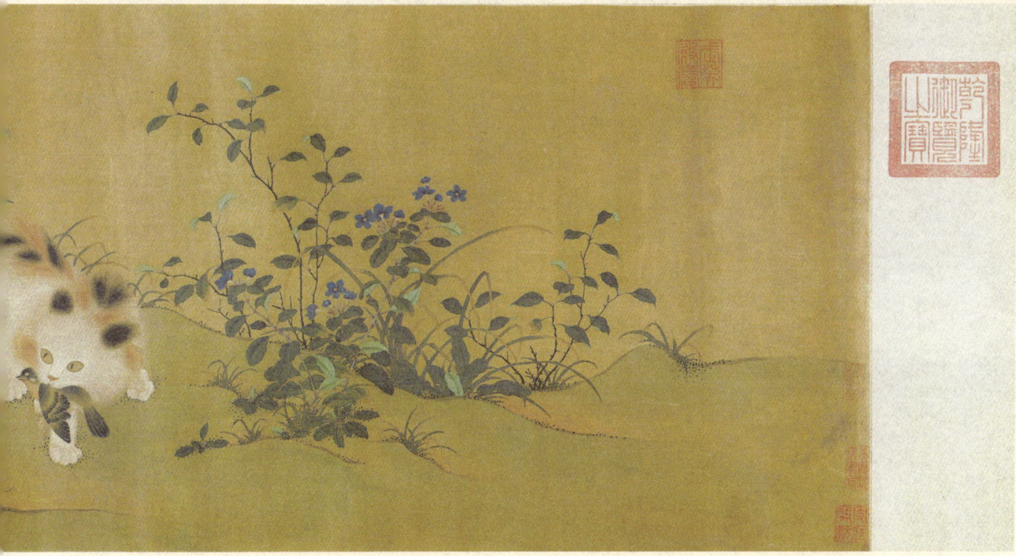
乾隆御覽之寶

●［宋］佚名:《富贵花狸图》

● 白玉卧猫

● 乾隆款画珐琅猫蝶图烟壶

● 罗绣猫蝶石榴图面红木雕花柄团扇

鉴》中有《猫册》和《犬册》，记载了紫禁城中所养宠物猫、宠物狗的名字和生卒日期。令人惊讶的是，这些宠物似乎被看作皇室家庭的一分子，每个月还有俸银可拿。

著名的《胤禛十二美人图》中有一幅《捻珠观猫》。画中仕女端坐在圆窗前，轻倚桌案把玩念珠，饶有兴致地看着两只猫咪在面前嬉戏。这幅画参用了西洋画的焦点透视法，取景面很小，仅透过二分之一的圆窗来刻画繁复的景致，以远、中、近三景扩展了画面空间的纵深感，显得意韵悠长。窗下钟声滴答，近处猫咪玩闹，时光便在这似有似无中悄然流逝。

也许是因为长期在宫中过着养尊处优的奢华生活，紫禁城里的猫一只只都显得富态雍容，媚态可掬。作为宫廷画家的艾启蒙自然不会错过如此绝佳的题材。艾启蒙擅于西法中用，在他绘制的《狸奴影》中，十只御猫灵动的倩影跃然纸上，具有很高的艺术价值。《狸奴影》内藏十开，绘有十只姿态各不相同的猫儿，以满汉双语分别题录十只灵猫的芳名：妙静狸、涵虚奴、翻雪奴、飞睇狸、仁照狸、普福狸、清宁狸、苓香狸、采芳狸、舞苍奴。这十只猫或雍容华贵，或乖巧喜人，画家将素描技法和解剖学理论相结合，以短细的笔触一丝不苟地刻画出猫雍容的体态和皮毛的质感，把猫儿慵懒

● ［清］佚名:《胤禛十二美人图·捻珠观猫》

● 文绣与猫旧照　　　　　　　　　　　● 婉容抱狗旧照

而又敏感、独立而又黏人的特性描摹得惟妙惟肖、栩栩如生。

"末代皇妃"文绣也爱猫。1911年，辛亥革命结束了清朝的统治，根据《清室优待条件》，溥仪还暂居紫禁城内廷，一住就是十三年。1922年，文绣以照片入选皇妃，早婉容一日被溥仪迎娶入宫，以便大婚时跪迎皇后。嫁给溥仪时，文绣只有十三岁。深宫之中，文绣长期忍受着孤独与寂寞。在清宫留下的一张老照片中，文绣站在内廷院间，旁边有一只猫相伴，似乎这只猫是她的宠物、朋友和寄托。

紫禁城中的宫猫作为帝后宠物，或为他们消闲度日、打发时光的玩伴，或是他们解除忧愁、慰藉心灵的工具，给枯燥乏味的宫廷生活增添了一丝乐趣。

故宫"御猫"今何在

如今的故宫博物院中，仍有将近两百只猫，这些依然"驻守"在宫里的"御猫"，早已不再是皇家盛宠。它们都是当年的宫猫后代吗？在

◆ [清]艾启蒙:《狸奴影·翻雪奴》

◆ [清]艾启蒙:《狸奴影·苓香狸》

◆ [清]艾启蒙:《狸奴影·涵虚奴》

◆ [清]艾启蒙:《狸奴影·仁照狸》

◆ [清]艾启蒙:《狸奴影·飞睇狸》

259

●［清］艾启蒙：《狸奴影·清宁狸》

●［清］艾启蒙：《狸奴影·普福狸》

●［清］艾启蒙：《狸奴影·舞苍奴》

●［清］艾启蒙：《狸奴影·采芳狸》

●［清］艾启蒙：《狸奴影·妙静狸》

◆ 故宫海棠花下的猫

● 故宫角落里的猫

宫中过着怎样的日子？

在故宫博物院的工作人员眼中，这些宫猫堪称宫里的"夜班警卫"。它们白天懒洋洋的，可一旦故宫闭馆后就精神起来，开始到处"巡逻""放哨"。当宫门一层层关闭，这群行踪莫辨、"执勤"时间莫测的"编外员工"便出没于红墙黄瓦间，在夜幕中开启捕鼠模式，不负"猫保安"之名。紫禁城七十二万平方米的范围内，没有发现过一只老鼠，也没有出现过古建筑木构件被老鼠咬坏的情况。故宫的同事们都戏称这群猫为"大内咪探"。

故宫猫是有灵性的，它们不怕人，一招呼就会围到游客身边。这些猫很懂事，特别爱干净，会定时定点解决"个人问题"，从不给保洁阿姨添麻烦，也从不毁坏公物，更没有骚扰过游客。

故宫猫每天接触最多的人，大概就是喂养它们的故宫同事。故宫人在工作之余，总不忘逗逗猫。纪录片《我在故宫修文物》中，文物修复师们的日常就是"闲来打个杏儿，逗逗御猫的后代"。每天，青铜器修复师王有亮和摹章高手沈伟都自觉承担起喂猫的职责。连《我在故宫修文物》的片场工作人员都知道，想逗猫，可以去当时摹画室所在的第四进小院找找看；而屈峰主任总会貌似委屈地抱怨收留许多"别人养着养着不要了送给我们，最后慢慢养着养着就成负担了"的动物，下班时，他不会忘记拎鸟笼回屋，否则"第二天你可能见到的只有几根鸟毛"。纪录片中，风扇呼呼地吹，树叶沙沙地响，猫儿睡成一长条，毛飒飒地飘，它们乖巧地静候在主人身边，成了宫里一道亮丽的风景线。

"御猫"光环吸引着大量来故宫"撸猫"的游客，甚至有人会将猫送到宫里"放养"。但不得不说，故宫猫的生存现状令人担忧。因为不管"故宫"的光环有多大，也改变不了故宫猫属于"流浪猫"的事实。它们没有固定住所，没有固定食物。这里的环境看似清幽，但并非适合猫儿生存的乐土。我们部门所在的小院内有三只"御猫"，大家叫它们二花、三花和土肥。土肥的脸上常年长着猫癣，二花和三花也常常因为和院外的猫争地盘、争食物而受伤。宫里的医疗条件有限，猫儿生病了自个儿常常找个地方躲起来，很难配合治疗。

借用故宫博物院前院长单霁翔的话说："要把一座壮美的紫禁城完整地交给下一个六百年，要让每一个来到这里的观众有尊严地参观，同时也要让流浪猫继续有尊严地在故宫生活。"我想，这既是所有爱猫人士的共识，也是所有故宫猫今生的夙愿。

劳民伤财的蟋蟀

蟋蟀，俗称促织、夜鸣虫、将军虫、蛐蛐（雄性）、油葫芦（雌性）等。明朝皇帝中，宣宗朱瞻基、穆宗朱载垕都是斗蟋蟀的"狂热爱好

● 齐白石:《菊花蟋蟀轴》(局部)

者"。即位时年已二十七岁的宣宗,依然日夜在宫中用草棍逗蟋蟀取乐。穆宗也深谙斗蟀之道,常拔掉蟋蟀的胡须,致其恶斗。这种极为平常的民间游戏在皇帝手中被"玩"到了极致。

《聊斋志异》中《促织》的故事,就是以明宣宗为背景展开的:"宣德间,宫中尚促织之戏,岁征民间。"当年明宣宗嫌北京一带土质瘠弱,养不出好蟋蟀,便特地派宦官到土地肥沃的苏州去采办优质蟋蟀,还密令苏州知府况钟从中协助。况知府只得向下民摊派任务,结果江南百姓不得不到处翻墙倒瓦、铲草挖土以寻蟋蟀,不能亲自找寻的,便纷纷出钱抢购,导致蟋蟀的价格猛涨十倍,上好的蟋蟀甚至要十几两黄金才能买到。宣宗大肆在民间搜罗蟋蟀的故实在明代多部史料笔记如明代文人王世贞所撰的《弇州史料》中都有印证。吕毖《明朝小史》称:"宣宗酷好促织之戏,遣取之江南,价贵至十数金。"皇甫录的《皇明纪略》中也有相同的记载:"宣庙好促织之戏,遣取之江南,其价腾贵至十数金。"可见当时民间之苦。

● 仿汝釉蟋蟀罐

● 隆庆款青花云龙纹蟋蟀罐

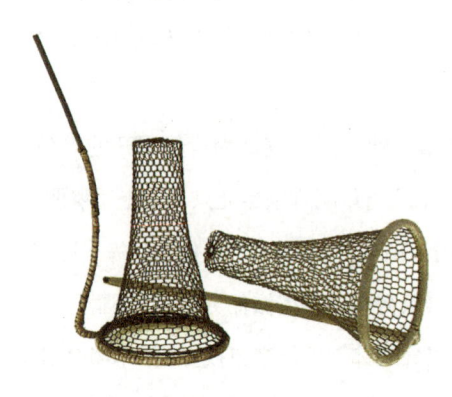

● 蛐蛐铜丝罩

盛蟋蟀的笼盒也奢侈到了极致，匠人们挖空心思，不断在工艺上更新换代。宣德官窑的蟋蟀盆至今都是瓷器中的精品。苏州产的蟋蟀盆上有精致的人物浮雕，宣宗在宫中用的则是戗金黑红混漆的蟋蟀盆，盆底铺着有锦香气息的褥垫。蟋蟀的伙食都是"玉粒琼浆"，其奢侈程度常人难以想象。明景泰六年（1455）元月，宣宗病逝，皇位由他年仅八岁的儿子——明英宗朱祁镇继承。为防止朱祁镇玩物丧志，荒废学业，太皇太后张氏发布命令："将宫中一切玩好之物、不急之务悉皆罢去，革中官不差。"这一禁令，直指好斗擅鸣的蟋蟀，以及为养虫、斗虫大肆搜刮花木虫鸟的横征暴敛行为。1993年春，人们在景德镇的明代御窑厂东门遗址附近开探沟时，发现了一窝堆积的青花瓷残片，经复原，其全部为蟋蟀罐，圈足和内底都有"大明宣德年制"

的单行青花楷书款，罐上还有五爪龙纹。但在清宫旧藏的一千多件宣德官窑瓷器中，当年风靡一时的蟋蟀罐却几乎不见影踪，仅存一件仿汝窑蟋蟀罐，或许很多宫中的蟋蟀罐都在当年的禁令下被毁掉了。

清军入关后，斗蟋蟀之风在宫廷中复炽。《清宫词》中有诗曰："宣窑厂盆戗金玉，方翅梅花选配工。每值御门归殿晚，便邀女伴斗秋虫。"帝王后妃、王公大臣很多都有斗蟋蟀的嗜好，朝廷还设有专门负责此事的官吏。内务府不仅会派专人去四处搜罗蟋蟀进贡，也命人自行孵化培育。民间的养虫方法在清初时就已传入皇朝宫廷。每年立秋之时，内务府都会派专人去捉蟋蟀，也会要求各地进贡斗虫，他们从中筛选出优质品种，精心饲养。

民间在冬日欣赏虫鸣的习俗也随之传入宫中。据康熙朝重臣高士奇《金鳌退食笔记》记载，康熙帝在每年元夕赐宴之时，都要在鳌山灯内放置蟋蟀、蝈蝈等鸣虫，与群臣共享虫鸣之乐。《清宫词》中有一首《鳌山蛩声》，写的就是当年景象："元夕乾清宴近臣，唐花列与几筵平。秋虫忽向鳌山底，相和宫嫔笑语声。"道光、同治、光绪年间，每年元旦及上元节令，乾清宫暖阁都会架设精美火盆，内燃香木炭，在四周架子上摆满蟋蟀、蝈蝈等各类草虫，日夜齐鸣，奏出一曲寓意深长的"万国来朝"曲；加之殿外爆竹震天，此起彼伏，欢声震耳。

康熙年间，内务府奉宸苑专门在宫中准备了一间暖室来孵育蟋蟀、蝈蝈，由此可以让这些秋虫一直活到第二年的暮春时节。清代宫廷喜欢用宣德御制盆来养蟋蟀，这些蟋蟀多产自河北易县等地，有上百个品种之多，以梅花方翅为上品。宫里也有很多斗蟋蟀用的罐子。故宫博物院藏有同治时期一套大、小蟋蟀罐。其中大罐是用来斗蟋蟀的，小罐则是养蟋蟀的"房子"。养罐中还有几个特别的附件：瓷牌、小过笼和水槽。瓷牌长8.2厘米，高6.5厘米，在白色釉地上画红线条，用以记录蟋蟀

● 蟋蟀大罐

● 蟋蟀小罐及水槽、小过笼、瓷牌

的名字、重量和参加格斗的次数。小过笼长6.5厘米，高3厘米，两侧各有一洞，通常放在养罐内的一边，让雌雄两只蟋蟀从中穿来穿去，这也是它们的"洞房"。水槽也放在养罐内，是给蟋蟀喝水用的。罐身前面有彩绘的松竹梅纹饰及洞石，后面有一首题画诗："群芳摇落画凋残，惟有孤根耐岁寒。为道沧州深雪里，独留苍翠与君看。"这套蟋蟀罐堪称同类罐中的杰作，鲜红的釉色，精细考究的工艺，极具艺术性与观赏性。

斗蟋蟀也是宫中时兴的赌博方式，慈禧太后就以赌斗蟋蟀为乐。每逢重阳佳节，正是秋虫繁盛之时，宫中赌斗蟋蟀的活动盛况空前。蟋蟀"把式"们将雄健善斗的蟋蟀呈进给慈禧太后。太后赏玩后，给虫儿们赐以嘉名，之后便在颐和园召唤王公、福晋和有地位的太监开盆为戏。慈禧太后几乎每年都会在重阳节赌斗蟋蟀的活动中讨得一笔"彩头"。

末代皇帝溥仪三岁进宫登基，早朝哭闹时，太监便会把一只蛐蛐罐塞到他手中。在天津日租界张园隐居时，溥仪常派下人去"进货"。下人每次去杨柳青都要买回一两笼蛐蛐，溥仪会挑些大个的试斗，选出最厉害的，取个"金头大王""银头大王"之类的名字，其余的谁想要便赏赐给谁。溥仪晚年，又去紫禁城看了看那座曾经属于自己的宫殿。电影《末代皇帝》的结尾有个意味深长的镜头：一身中山装、作平民打扮的老年溥仪，花一角钱买了张门票，去看自己曾经的家——紫禁城。他走进太和殿，坐上曾属于自己的宝座，从龙椅背后掏出五十年前自己从帝师陈宝琛那里讨来的小笼子。一只蟋蟀从笼子跳出，获得了自由。这不仅寓意着清朝最后一位皇帝已重获新生，成为一位新中国的公民，也寓意着蟋蟀这种曾经劳民伤财的皇家宠物，终于又变回普通的民间草虫。

草虫本无罪，只是在旧时代里，人命也如草虫一样，瞬间便消逝于统治者的一念之中。

宫城中的鸽群

鸽子又名鹁鸽，是老北京最常见的鸟。明代起，紫禁城中就有专门养鸽的地方。据《大明实录》记载，西华门外有"鸽子房"。《明史》中也曾提到，弘治十五年（1502），明孝宗为减少府库开支，放飞了宫廷豢养在西安门的鸽子等动物。可以推知，明代皇宫在西华门外、西安门附近有专门养鸽的地方。这座鸽子房不在紫禁城内，明崇祯时期的文人吕毖在《明宫史》中提到过在西安里门等处有鸽子房。西安里门就在今天的西什库大街稍东，位于西华门西北角约两公里处。

到了清代，皇家也会驯养鸽子。据《内务府全宗》记载，乾隆时期，内廷曾在景山养鸽四十余只。《国朝宫史》中还记载了清代鸽子房管理人员的基本情况。鸽子房由仓震门首领管辖，有三名太监专门负责喂养鸽子。嘉庆帝有一首《遂初堂》诗，写到"乔松荫闲院，驯鸽语回廊"，说明嘉庆年间宫中有驯鸽，嘉庆帝就曾在遂初堂的回廊下逗弄过宫中驯养的鸽子。《宫女谈往录》中还有慈禧太后在颐和园养鸽子的记载。

宫中养的鸽子，吃的会不会和平民百姓家的鸽子不一样呢？《大明实录》中记载，鸽子的主要饲料是绿豆、粟米和谷子，仅为西华门外鸽子房养的鸽子每日供应的粮食就达上百斤。《宫女谈往录》中记载，清宫中"御鸽"的伙食一般是精稻米、绿豆、黑豆、带壳高粱等高级饲料，还有很多不外传的宫廷秘方："时常喂绿茶叶、甜瓜籽。据养鸟的人说，甜瓜籽是鸟的接骨丹。"

皇宫养鸽子用来做什么呢？一个比较"实际"的目的是用这种小动物来进行隐晦的性启蒙。鸽子喜好交配，而且交配方式与别的鸟类不同，是雌鸽在上、雄鸽在下。清代文人抱阳生的《甲申朝事小纪》中有如是记载："国初，设猫之意，专为子孙生长。深宫恐不知人道，误生育继嗣之事。使见猫之牝牡相逐，感发其生机。又有鸽子房，亦主此意也。"而且鸽子属于"一夫一妻"，配对后的雌鸽与雄鸽感情专一，生活和睦，永不分离。《鸽经》载有"鸽雌雄不离，飞鸣相依，有唱随之意焉"，称赞鸽子是忠贞之鸟，这也是后宫情感教育的重要内容。

宫中饲养鸽子最主要的用途还是赏玩。明末清初史学家查继佐所撰《罪惟录》中有明宣宗朱瞻基好养鸽子的记载："（宣宗）尤爱促织，亦豢驯鸽。"中国国家博物馆藏有一幅《宪宗调禽图》，画中的明宪宗正在赏玩一只形貌似鸽的小鸟。鸽子品种繁多，《鸽经》中说："诸禽鸟中，惟鸽子五色俱备。"清代文人富察敦崇撰《燕京岁时记》中有"花儿市"一篇，记载了清代北京很多珍贵的观赏鸽品种，如"短嘴、白鹭鸶、白乌牛、铁牛、青毛、鹤秀"等。

故宫博物院藏有一套《鹁鸽谱》，是清康熙时期的宫廷画师蒋廷锡依照宫中赏玩鸽子的造型所绘。《鹁鸽谱》分为上下两册，合计四十开，每开分左右画页，绘制一对栩栩如生的雌雄鸽。蒋廷锡采用国画丝毛技法与西方光影技法相结合的方式，利用光线的明暗及色调的深浅，巧妙地表现鹁鸽的毛色变化。比如画册中的黑鹤秀头、尾为白色，羽毛黑灰，眼皮粉红，眼睛是一点朱砂色，姿态悠闲，举止婀娜。画册中还有杂花玉翅、黑靴头等，都十分灵动。这套画谱还有一个特点——在尽可能真实细致地还原鸽子外观的同时，对它们的生活环境也很重视，寥寥数笔就还原出鸽子在自然环境中的生活状态，让画面充满生机。

道光帝和慈禧太后都很喜欢赏鸽。道光年间，道光帝命宫廷画师沈振麟、焦和贵参照《鹁鸽谱》的样式，绘制了一套《鸽谱》，收录宫中各种珍奇名贵的鸽子品种，如银尾瓦灰、缠丝班子、四平等，以供赏玩之用。这套《鸽谱》共计二十开，每开绘有两只鸽子，画法与蒋廷锡颇有相似之处，只不过没有将鸽子融入生活场景之中。据《宫女谈往录》记载，负责为慈禧太后养鸽的太监会给雌雄鸽子配对，能准确配育出太后喜爱的墨环、紫环、喜鹊白、小灰等品种。墨环和紫环通体纯白，短红嘴，砂眼，仅在脖子上套的项链为黑色或紫色，走起路来一扭一扭，像个贵妇人。喜鹊白有着雪白的肚子，翅膀的颜色黑白分明，红嘴，高粱眼，在鸽群中十分醒目。小灰是山海关总兵进贡，叫声像一串铃铛，十分悦耳。慈禧太后在颐和园居住时，用完早膳后，一般会在乐寿堂外逗一会儿鸽子。

在一些皇家钟爱的游戏中也少不了鸽子的身影，比如鸽哨、射柳、火戏等。

前已有述，明清射柳时，会将鸽子放进一只葫芦，悬挂在柳树上，参与者射裂葫芦，葫芦中的鸽子飞出。谁射中的葫芦里面的鸽子飞得高，谁就获胜。这些鸽子的脚部也系有鸽哨，飞到空中时，鸽哨会发出清脆的声音。当游戏者接连射中葫芦时，不断有鸽子飞出，连绵不断的鸽哨

● [清]蒋廷锡:《鹁鸽谱·黑鹤秀》

● [清]蒋廷锡:《鹁鸽谱·杂花玉翅》

● [清]蒋廷锡:《鹁鸽谱·黑靴头》

◉ [清]沈振麟、焦和贵:《鸽谱·银尾瓦灰》

◉ [清]沈振麟、焦和贵:《鸽谱·缠丝班子》

◉ [清] 沈振麟、焦和贵:《鸽谱·四平》

声响彻天空,场面十分壮观。

一些重要的庆典场合也少不了鸽群的点缀。清代皇家有元宵节前后在圆明园看火戏表演的传统。有些大焰火盒子有三层之高,悬在大架子上,第一层上有"天下太平"四个大字;第二层里放上鸽群、喜鹊,取"放生"之意;第三层有四个小儿击鼓唱秧歌,寓意"太平天子朝元日,五色云中驾六龙"。点燃烟花时,伴随着焰火会形成缭绕云雾,鸽子从盒中争先恐后地飞出,夜空中花火与群鸟齐飞,场面瑰丽而震撼。

故宫
生活志

卷四
节俗

一 • 皇家怎么过新年

清代皇帝派发的新年"红包盲盒"

过春节时，家家户户都有长辈给晚辈"发红包"的习俗，古时叫"馈岁"。把压岁钱包在红纸内，为的是讨个吉利，表达新年祛灾迎福的祝福。清代皇家过年也有给王公大臣、宫内家眷、藩属国王和使臣颁赐年节礼物的习俗，派发赏赐有笼络感情、表示恩宠之意。皇家派发的赏赐名目很多，不仅有金银，还有好吃的、好玩的，可谓新春"盲盒大礼包"。这"红包盲盒"里都有什么呢？

"大礼包"里最常颁赐的，就是皇帝御笔亲书的"福"字。自康熙时起，就有皇帝在岁末写"福"字，赐给大臣的传统。每年农历十二月初一，太监会在重华宫备好笔、墨、纸、砚。写"福"专用的笔在笔管上刻有"赐福苍生"四字，先为康熙帝所用，后被历代皇帝视为"吉祥法物"，代代相传，专用于新年写福。皇帝御笔亲书十几张"福"字，命人挂在宫中各处。随后，奏事处官员会呈送申领"福"字的官员名单。皇帝从中圈定出可以领赐的人，分期颁赐。十二月十五、十六日是第一批，这两天皇帝会在重华宫召见御前大臣、侍卫赏"福"。十二月二十六、二十七日是第二批，皇帝在乾清宫西暖阁召见诸王大臣、内廷翰林官员赏"福"。受赐的官员们依次进殿，恭恭敬敬地在皇帝的御案前跪候，皇帝当场写好"福"字赐下。受赏的官员要和两名太监一路恭捧着"福"字出殿门。腊月里，如有外省将军、督抚奏函来报，皇帝在批复之余，也会给这些外派的地方大员赐"福"字，祝贺新年。乾隆年间，乾隆帝会在每年十二月初一先到北海五龙亭旁边的阐福寺拈香祈福，再回重华宫写福。

● 康熙帝、雍正帝、乾隆帝、嘉庆帝、道光帝书写的"福"字（从右至左）

起初，赐福的对象一般为二品及以上大臣，诚如雍正帝所说，每年颁赐福字，是为了警示他们"时时存可以获福之心，行可以获福之事"。但到了光绪年间，慈禧太后打破惯例，将御笔的"福"字送给了伶人。据《清稗类钞》记载，慈禧太后曾请武生名角杨小楼到宫内演戏，在演出结束后命人取来纸笔，写大"福"字、大"寿"字数幅作为赏赐。

除了御笔的"福"字，皇帝派发给地方大员的"大礼包"还包括鹿肉，寓意"福禄双全"。对离京较远的省份而言，这些食物从京城运出，路途遥远，送达时多已腐坏。于是嘉庆九年（1804）宫中颁布新规：赏赐的食物如不能长久保存，由御茶膳房负责更换；对于云南、贵州、新疆等离京城较远的省份，皇帝不再赏赐狍肉、鹿肉等容易腐坏的肉制品，改赐干果、奶饼等能长时间保存的干货。道光之后，各省无论远近，皇帝都不再赏赐肉食，全部用干果、奶饼类干货代之。

赏赐给近臣的吃食就随意很多。据《鄂尔泰奏稿》记载，雍正七年（1729）十二月二十九日，皇帝颁赐鄂尔泰的新年赏赐中，包括哈密瓜两个，文旦柚四个，会柑、红柑、卢柑、甜橙共一箱，各种敖尔布哈一匣，奶饼一匣，鹿尾十条，榛鸡六只，野鸡十只，细鳞白鱼两尾，多乐鱼两尾，鹿肉十四块，鹿肠两副，可谓琳琅满目。

新春佳节的赏赐中当然少不了荷包。《啸亭续录》中记载，每年年

◆ 黄色缎打籽绣岁岁平安纹腰圆荷包

◆ 金元宝八宝

底，皇帝会赐御前大臣岁岁平安荷包，受到皇帝赏识的外廷大臣，也可获赐荷包一个。得到皇帝赏赐的荷包在当时是种殊荣，大臣们会将御赐荷包戴在大衣的衣领上，以示恩宠。宫中女眷在新年时也会获赐荷包。荷包的样式丰富，以金银元宝形居多，内有金银元宝、金银钱、玉坠灯等。

除了这些"定例"，珍贵的丝绸布匹、稀奇的手工艺品等有时也会出现在"大礼包"中。此外，皇帝在岁末年初，还会赏赐藩属国王和使臣"红包"。比如乾隆帝给朝鲜、安南（今越南）、琉球、缅甸等藩属国王的一次"馈岁"中就有大缎、镀金线缎、金线缎、洋花缎等珍贵衣料，"福"字笺、绢笺、雕漆茶盘、砚、笔、墨等文房用；还有玉如意、玉器、文竹器、玻璃器、瓷器、洋表、貂皮、帽纬等。

开笔饮屠苏

我国古代把农历大年初一叫做"元旦"。自清雍正朝起，皇帝会在每年元旦日举行"明窗开笔饮屠苏"的贺岁仪式。"守岁"之后，新年第一天的子时，在爆竹声中，皇帝行完拈香礼，便会到养心殿前殿西次间，坐在靠近窗户的紫檀长案前，亲自往金瓯永固杯中斟上屠苏酒，饮尽杯中酒后，开笔写下祝福新年的吉语。

屠苏寓意"屠绝鬼气，苏醒人魂"，古人向来有新年饮屠苏酒讨吉利的传统。《本草纲目》载，"屠苏酒，元旦饮之，辟瘟疠"，认为屠苏可以屠割苏虺（鬼怪名），驱鬼消灾。元旦饮屠苏酒的传统，较早见于南朝梁宗懔的《荆楚岁时记》，书中说，元旦要"进屠苏酒，胶牙饧"，这里的"胶牙饧"是一种用麦芽制成的糖。唐宋时期，元旦喝屠苏酒逐渐盛行。如唐代诗人裴夷直《岁日先把屠苏酒》一诗中，有"先把屠苏

● 金瓯永固杯

● [清]姚文瀚:《紫光阁赐宴图》(局部)

不让春",北宋王安石的《元日》中"春风送暖入屠苏"的句子亦脍炙人口。南宋洪迈的《容斋随笔》中记述当时民俗:"今人元日饮屠苏酒,自小者起,相传已久矣。"

皇家的屠苏酒是由什么做成的呢?大年三十这一天,御茶膳房的首领会同药房首领将大黄、桔梗、白术、肉桂各一两八钱,乌头六钱,菝葜一两二钱等研成细末,和在一起用缝囊装好,悬在药房的水井内离水三尺的位置。正月初一子时,便要将药包取出,用一斤木瓜酒、五钱冰糖面一起熬煮至沸腾状态。这便是皇帝开笔仪式上饮的屠苏酒。据学者研究考证,这种酒口味甘醇。开笔仪式过后,这些酒会被装在金、银柿子壶中,金柿子壶中的酒斟入金瓯永固杯,供在养心殿西暖阁;银柿子壶中的酒斟入铜瓯永固杯,供在乾清宫西暖阁。两杯酒供到大年初一日午时,再由专人取回,盛在金杯内,供新年宴会上饮用。皇帝会在新年宴上与家眷、百官、来朝使节等共饮屠苏酒,一同庆贺新年。

清帝饮屠苏酒还有多种讲究，例如在"明窗开笔"仪式上喝屠苏酒，必须要在新年的子时时分，寓意新年、新月、新日、新时开始；饮酒时要面朝东方，寓意迎接新的朝阳。

元宵鳌山灯

元宵节时，宫中还会安设鳌山灯。鳌山灯是我国古代元宵节体量最大、灯火最绚丽的灯，由许多盏灯一层层自下而上堆叠起来，组成灯山，形如一只巨鳌。"鳌"为我国古代神话中的异兽，有顶天立地、健康长寿等多种美好寓意。

古代风俗画中常有鳌山灯的身影。如中国国家博物馆藏明佚名《南都繁会图卷》，描绘了明代中叶南京城内早春游艺的场景，其中就有鳌

● 明佚名《南都繁会图卷》中的鳌山灯

● 明吴彬《月令图卷》中的鳌山灯

山灯。画中的鳌山灯安设在密集的楼阁之间，体量与南方的二层小楼相近，其中"鳌足""鳌身"各有一层楼高。龟背形的鳌身自下而上分为三层：下层布设有腾云驾雾的八仙人物造型，以及多盏五颜六色的灯笼；中层则是多位带功德光环的神佛塑像；上层为一座楼阁，象征海外仙山上的琼台玉阁。明代画家吴彬在《月令图卷》中也描绘了一座"鳌山灯"，主要采用江南风格的山石水榭、亭台楼阁造型，点缀其间的各式灯彩、花卉、人物形象也具有浓厚的地域化色彩。

　　明清宫廷搭建鳌山灯的地方一般是午门广场。灯架用木头搭建而成，面上覆有松柏枝，远远看去就像一座绿色鳌山。山上有上千个人物造型，外观几乎与真人无异；整座鳌山上挂着十万盏灯，灯与灯之间用绳子相连。绳子上穿着火油爆管，当一盏灯点燃后，爆管开始沿着绳子滑动，点燃它所连接的下一盏灯，刹那间从山顶到山底灯火通明。

午门前的鳌山灯表演可持续整整七天,场面极为盛大。明代官员金幼孜曾多次受赏午门观灯,他有《元夕午门赐观灯》一诗:"鳌山新结彩,列炬照晴天。箫鼓瑶台上,星河绛阙前。彩妆千队好,绣簇万花妍。欢赏陪鸾驭,还歌《既醉》篇。"

清代宫中的万寿灯与天灯

按照明清宫廷习俗,每年农历十二月二十四日至来年二月初三,紫禁城乾清宫前都会立上两具高大华丽的宫灯——"万寿灯"和"天灯"。这也是清代早中期过年时最盛大的活动之一,一般由内务府负责,征用百余人,举着灯杆由乾清门进入,前方还会有人鸣锣开道,声势十分浩大。从立灯到撤灯,前前后后要动用八千多人。人们一般会把万寿灯安设在乾清宫前的丹墀之上,天灯则安设在丹墀之下。这两盏宫灯体量雍

● 乾清宫前的万寿灯与天灯(2019年初复原)

容硕大，灯型繁缛华美，制作工艺精湛，宝联寓意丰富，堪称我国宫灯的典范。

万寿灯为楠木质，灯杆直径约0.5米，高约12.6米，表面通体雕刻云龙纹，髹金漆。灯杆上部周圈均匀挑出巨龙首、蹲龙、仙人、弧形支撑造型各一个，成为一组。这样的造型一共有八组。每组造型水平同向出挑，上下位置关系为：巨龙首下部为蹲龙，且与蹲龙雕刻成一体；蹲龙出挑略长于巨龙首，且长出的部位恰为蹲龙龙首部位；蹲龙龙首上部立有仙人，龙口内有悬挂宝联用的铁环，龙首正下方则与弧形支撑的挑出端固定；弧形支撑位于各造型最下方，主要用于支托蹲龙龙首。灯杆顶部为灯楼，外观做成金漆罩面、重檐宝顶圆亭的造型。楼内正中有短木轴，又有六扇绘制仙人图案的扇面与木轴相连。起风时，各扇面可绕木轴转动。为保证灯杆稳定，天灯下部还设计了四根斜木戗支撑。故宫博物院至今藏有清代万寿灯的模型小样。

天灯的材质、尺寸、造型与万寿灯相似，但灯杆上部做法相对简单。故宫博物院藏清佚名《雍正十二月行乐

● 复原的万寿灯

● 清佚名《雍正十二月行乐图·正月观灯》中的天灯

图·正月观灯》中就画了一盏天灯：四根戗木支撑起硕大的灯杆，灯杆上部横跨有游龙一条，龙口下悬彩灯一盏，灯杆顶部的灯楼内似有仙人图影随风绕轴转动。2019年，院里依据所存相关文献、文物复原了乾清宫前的万寿灯、天灯。

天灯和万寿灯有什么区别呢？嘉庆帝曾有一首《春胜联句有序》诗，其中描绘了天灯的造型特点以及与万寿灯的区别。诗中有一句"龙炬峥嵘森峻柱"，说的是天灯的样子。诗句下面有一段注解："乾清宫东西丹墀，每岁嘉平二十四日树天灯竿二竿，围径如巨柱，通体雕云龙，髹以金，柱顶作金圆亭，亭中植转轴，施风轮，画神像，柱端横出龙首一南向,龙尾一北向,龙口衔五色灯球一,设机贯绳以便燃炬。"诗中还有一句"鸾幡宛转簇岩廊",描绘的是万寿灯,下面的注解说:"乾清宫丹陛东西亦于是日植万寿灯竿二,其竿围径雕刻髹金圆亭顶,大致与天灯同,惟柱端横出龙首八,口中设机施绳悬万寿灯联八幅,两柱共十六幅。其灯联传自明代,我朝仍用之,制如幡,长与柱等,质以缎两。"可见二者的尺寸基本相同,外观制式也大体相同,通体都雕刻有云龙图案,涂以金漆,顶部做成金圆亭造型。两盏灯的不同之处在于,天灯灯杆上部仅横伸出一条龙的造型,而万寿灯的顶部则横伸出八条龙的龙首,每条龙的嘴里都衔着一副万寿宝联。

万寿灯、天灯的安设时间和上灯仪式也有很多讲究。据《国朝宫史》记载,每年农历十二月二十四日,总管内务府的大臣会率百余人运送灯杆,从乾清门进入乾清宫安设天灯和万寿灯。天灯的灯杆安好后就挂上灯笼,直到新一年的二月三日才会撤下。万寿灯的灯杆安好后先不挂灯,会在杆上悬挂十六副宝联,每联正反两面均绣以金字对联,都是些歌颂国泰民安、庆贺瑞年佳节的吉祥话,比如"宫中圣诞,天上元宵,皓月映星联,阊阖辉煌回斗柄。岁首春阳,人间佳节,晴霞连日丽,衣冠拜舞觐龙颜";"履泰升恒,银烛映三阶,朱耀华盘,照彻冰壶凝海岳。晋离观豫,金枝分百子,翠旌铜错,露承仙掌灿星辰"。除夕这一日,皇帝在保和殿举行筵宴时,总管内务府大臣才会领着人把宝联撤下,挂上万寿灯的灯笼。万寿灯只在除夕、正月初一、正月十一、正月十四到十六日上灯,其他的日子里都是挂灯联,直到正月十八撤灯。

万寿灯上的灯笼有很多种样式。据《大清会典则例》记载:万寿灯上的灯笼共有十六挂,总计一百二十八只,每一挂上挂八只灯笼,包括葫芦灯、鱼瓶灯、福娃灯、绣球灯、宝珠灯等多种样式。为防止灯挂和宝联因刮风而左右摇摆，灯下还会用人形的"铜回回"和甜瓜状的铜鼓墩拴绳固定。

　　清宫的上灯仪式非常隆重。参与挂灯的都是首领太监。挂灯时，宫殿监传各首领太监在乾清宫前等候。营造司首领太监一跪一叩，呼赞"上灯"，领头的两名是敬事房首领太监、乾清宫太监，负责在乾清门檐下挂灯。挂灯时还有音乐太监齐奏丹陛清乐《火树星桥之章》，乐声中，营造司太监负责安设万寿灯，其他首领太监负责挂乾清宫廊内灯、丹陛两边石栏杆灯。乾隆帝专门写过一首诗《立天灯》："金龙护柱长数丈，四柱撑如巨灵掌。彩灯左右列丹墀，万寿灯明丹陛上。年年腊月二十四，缚架悬灯声扰攘。百夫舁柱齐用力，一一都听铜锣响。灯上联书细金字，惟乞岁岁登丰穰。瑶宫乐事与民同，从识太平真有象。"由此可以想见挂天灯时辉煌璀璨、恢弘壮丽的场面。

● 《明宪宗元宵行乐图》中的万寿灯

新年"团拜会"

大年初一,皇帝还要在太和殿举行"新年团拜会",也就是"大朝"。在大朝上,皇帝会发表"新年贺词"。皇家"团拜会"的流程是怎样的呢?当日天色将明时,王公百官便会在午门外集合,由礼部官员引导,按文东武西的次序,穿过金水桥和太和门,进入太和殿广场,按照正、从一品到九品的品级顺序就位等候。在中和韶乐的伴奏声中,皇帝先在中和殿接受内廷事务官员的参拜,然后在太和殿升座。此时,站在太和殿台阶下的鸣鞭校尉鸣鞭三响,宣表官手捧表文与两位大学士来到太和殿下正中,面向皇帝下跪,宣读皇帝颁布的新年贺词,祈望来年国泰民安。随后,皇帝赐群臣入座饮茶,互贺新年。这时仅仅是王公勋爵可以进太和殿就座,其他官员只能在殿外的原位入座。此番饮茶结束,鸣鞭三响,才宣告新年"团拜会"正式结束。

大年里,紫禁城有很多娱乐活动,最重要的就是演戏。清代皇帝很多都是"戏迷",乾隆帝、咸丰帝都曾亲自上台"过戏瘾",咸丰帝甚至还当过"导演",指导太监演戏。光绪帝也曾客串"乐师",给角儿打鼓伴奏。清宫大年演戏就好比是今天电视里播出的"春节大联欢"节目,在宫内各处都开戏台,春节期间几乎天天都在演戏。慈禧太后会从除夕当晚到大年初七,天天听戏。新春的剧目也丰富多彩。大戏一般从早上六七点钟就正式上演,一直要演到下午两点钟左右,一般是演一些除岁迎新、祝颂吉祥的戏码,比如《喜朝五位》《三元入觐》《扫花》《三醉》《钓鱼》《十字坡》《宫花报喜》《椒花献颂》《瞎子逛灯》《岩谷新春》等。

天地三阳泰
乾坤万国春

清乾隆帝弘历行楷书五言春联

宫中的白色春联

春节还有一个重要习俗 —— 贴春联。紫禁城一般从每年的农历十二月二十六日起张挂春联、门神,直到第二年的二月初三撤下,交门神库太监领回收贮。春联一般都是红底,但是清代紫禁城中却有白色的春联,这是为什么呢?

白色春联一般写在白色的纸或绢上。故宫博物院藏有一幅《万国来朝图》,绘制的是农历新年,各国使臣觐见乾隆帝的场景。画中,各宫门上的春联即为白底。白底春联与满族先民"尚白贱红"的文化传统有关。满族先民居住在白雪皑皑的山林中,他们认为白色是驱魔洁世的吉

● 清佚名《万国来朝图》中的白底春联

百福屏開慶叶九如宏壽域
五雲景麗恩敷萬象入春臺

● 清乾隆帝弘歷行書十一言白底春聯

● "宜春"春条

● "国泰民安"春条

● 清雍正帝胤禛行书
春条"出门见喜"

● 故宫博物院藏春条

祥之色。在萨满创世神话《天宫大战》中,者固鲁女神们化为洁白、芳香、闪光的芍丹乌西哈(芍药花星星),战胜了恶魔。满族萨满祭祀时,往往穿白色衣服。为了伪装自己、接近猎物,满族先民在狩猎时也会穿上白色的猎服。在他们看来,红色在白雪覆盖的山林中过于醒目,不仅容易吓跑猎物,而且还有可能受到猎物的攻击。而清朝入关后,满汉两族的生活逐渐融合,红底春联也慢慢多起来了。

除了春联,宫里还会挂春条。春条的起源与春联相似,都是由桃符演变而来,同样有消灾驱邪的寓意。春条张贴的位置很灵活,字数也不限制,其遣词、造句、用字也不像春联那样有平仄、词性的联律要求,只要语言流畅、活泼、自然,读来朗朗上口即可。

清代宫廷的门神画像也别具特色,包括寓意镇殿的武门神,寓意福禄的文门神、福禄门神,寓意多子的童子门神,寓意驱邪的判子门神,寓意福寿的仙姑门神等。有对门神画像,其中头戴展翅纱帽的两位大腹天官就

● 福如东海文门神一对

是文门神，一位红袍绿带，盘上仙气中有蝙蝠、如意图案；另一位绿袍红带，盘上仙气中有冬瓜、海棠图案；这四种图案合起来，谐音"福如东海"。

三清茶与新年"茶话会"

史书记载，爱喝茶的乾隆帝自创了一种"三清茶"，还将它作为重华宫"新年茶宴"的"指定饮品"。

据《钦定清凉山志》记载，乾隆十一年（1746），乾隆帝秋巡山西五台山，在回程时路过河北定兴，恰逢雪天，立时来了雅兴，选用梅花、松实、佛手，用雪水烹煮，赋之以"三清茶"的雅称。乾隆帝认为梅花傲立寒冬，品之清高幽香；松实四季常青，尝之甘甜饱满；佛手与"福寿"谐音，啜之温润香雅；而雪水比玉泉山的水更轻，以雪水煮茶更显茶味之清绝。

为品三清茶，乾隆帝还下令制作专用的茶具，在"嘉窑青花白地人物撇口盅的里面底上改画带松枝、梅、佛手花纹的图案，线上照里口一样，添如意云，中间要白地，盅外口并足上亦添如意云，中间亦要白地，写御笔字"；样品做好后，乾隆帝下旨命景德镇御厂陶督唐英"将盅上字分匀、挪直，再按此盅的花样、诗字，照甘露瓶抹红颜色，亦烧造些。其蓝花盅上花样、字、图书，俱要一色蓝。红花盅上花样、字、图书，俱要一色红，盅底俱烧大清乾隆年制篆字方款，其款亦要随盅的颜色"，并且要求烧造的茶瓯"致为精雅，不让宣德、成化旧瓷也"。

故宫博物院的藏品中，就有乾隆年间烧造的三清茶专用茶具——矾红彩题诗松竹佛手纹茶瓯、青花彩题诗松竹佛手纹茶瓯。这组茶瓯为撇口、深弧腹、圈足；瓯心有梅、松、佛手纹；瓯内壁有上、下两周圈如意云纹；瓯外壁刻有乾隆所作的《三清茶》诗："梅花色不妖，佛手香且洁。松实味芳腴，三品殊清绝。"

乾隆年间，乾隆帝于每年正月初二至初十之间举行重华宫茶宴。茶宴由他亲自主持。宴会上，君臣唱和，赋诗联句，是为皇宫的"新年雅集"，茶宴上的专用茶就是三清茶。

"君臣联句"是重华宫茶宴的重头戏。联句一般由皇帝作起头三句，随后四位大臣为一组，按分组顺序接龙四句，之后皇帝再联四句，再传给下一组，待所有人都联完，皇上再作最后五句收尾。清代的诗社联句极为兴盛，联句一般采用的是仿"柏梁体"形制的七言诗，讲究上下句对仗，联尾押韵。联句实际上只是一种文字游戏，作的都是应景的颂圣之辞，文学价值并不高。如乾隆三十三年（1768）重华宫茶宴上的联句：

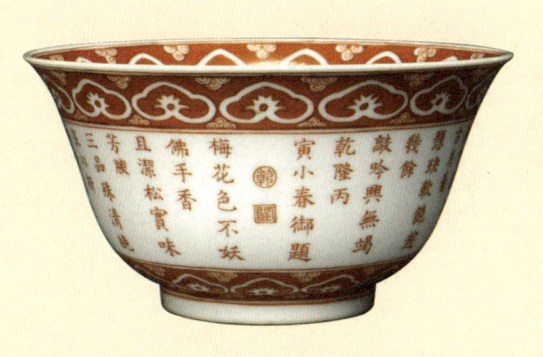

● 矾红彩题诗松竹佛手纹茶瓯侧面及内面

● 青花彩题诗松竹佛手纹茶瓯侧面及内面

三白年前积瑞霙，大收瓶缶小瓶罌。润融沆瀣浑元气，（乾隆帝）

令协昭苏蕴谷精。盈尺兆穰经腊足，依旬布泽共春生。氛消南徼欣频胜（大学士傅恒）

……（尹继善、刘统勋、陈宏谋等二十七位大臣）

恶旨因之示法程。偶尔七言托冲澹，亦非一意尚高清。治安均我君臣责，勤政乘时共勖诚。（乾隆帝）

元宵节的千人灯戏

据《燕京岁时记》记载："每至灯节，内廷筵宴，放焰火，市肆张灯。"灯戏表演是清代皇家在元宵节最盛大的庆祝活动，既有灯笼表演，又有焰火表演，是春节活动最为华丽的尾声。

这场盛大的皇家"元宵晚会"一般在圆明园举行。雍正初年，雍正

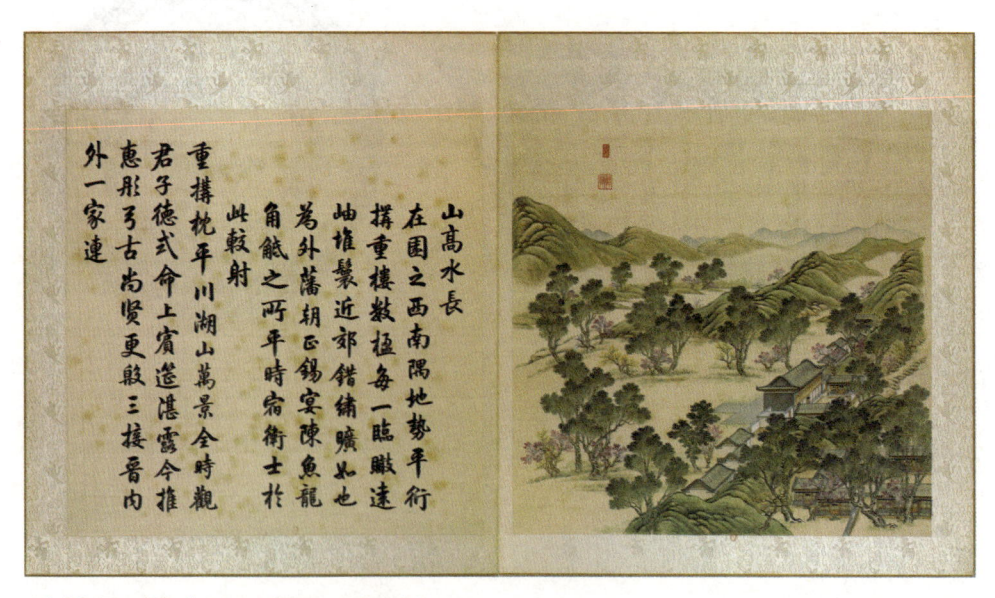

● [清]沈源、唐岱：《圆明园四十景图·山高水长》

帝下令在圆明园西南兴建过一座二层小楼，时名"引见楼"。这里地势平坦开阔，前环小溪，后拥连岗，到乾隆年间，乾隆帝为其赐名"山高水长"。山高水长楼是一座上下两层的西向建筑，每层长四百六十米、宽二百八十米，有房屋九间。楼后是连绵的山峦，楼前有宽敞的空地，这片空地既是八旗演武的竞技场，也是清代元宵节皇家灯戏的表演场。

灯戏表演有些类似于团体操，参加表演的伶人们手持彩灯边唱边舞，组成各种吉祥图案、文字，表达对新年的美好祝愿。表演的规模有大有小。小型灯戏也一般需要几十名甚至上百名演员参演。比如著名的"福禄寿"灯戏，需要一百二十名演员分别组成"福""禄""寿"三个字，以号响为令。演员们手提彩灯，载歌载舞，踏着节奏变换成各种吉祥文字，场面热闹喜庆。

中等规模的灯戏表演观赏性更强，演员往往有数百人之多。朝鲜文人李海应曾在《蓟山纪程》中记录过嘉庆年间圆明园山高水长楼前灯戏表演的场面。在他的回忆中，这一天的圆明园山高水长楼内已经挂满了灯笼，檐角一律挂着羊角灯，楼两边还有为表演临时搭起的彩棚阁，里面安放着青石假山，前后左右也都布满了灯笼。楼前立着一根八面大柱，

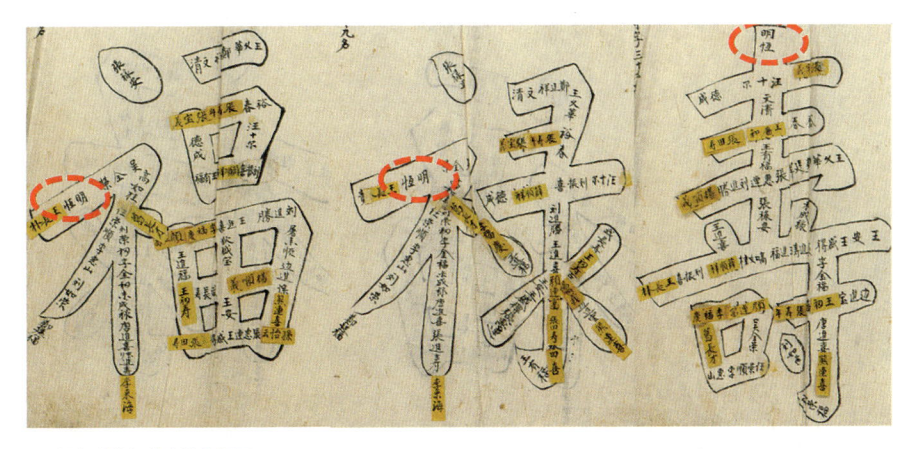

● "福禄寿"灯戏演员位置图

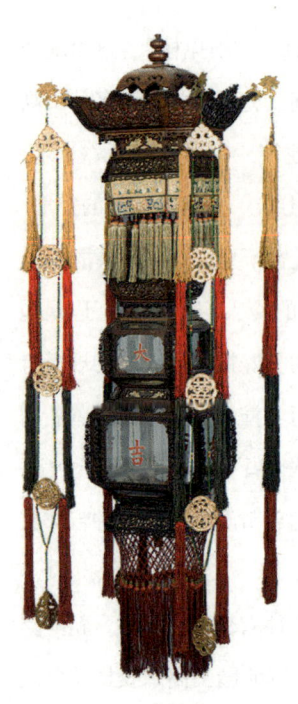

● 紫檀木嵌玻璃大吉葫芦式灯

密密麻麻挂了八行几十层灯。挂的灯笼种类繁多，比如瓶灯、西瓜灯、樽灯等，不一而足。庭前，几百位演员早早排好队形，或跪或立，每人手上都捧着一具灯架，上面挂着红园灯，随着鼓点号令做献寿之状。还有一百多名演员组成了一具高大的"人形灯架"，每人手里都捧着一只方灯，底下一层演员或跪或立，或分列周行，其他演员则一层接一层地叠在底层演员身上，直到最上一人捧灯肃立，形如人首。夜幕之下，灯火阑珊，烟花灿烂，所有演员齐声高呼万岁，吉祥的祝福语喊声震天，数百只彩灯整齐有序地变换出不同图案，场面极为壮观。

然而，这还比不上最为壮观的千人灯戏。乾隆年间曾在翰林院和内阁任职的赵翼在《檐曝杂记》中记述了千人灯戏的盛大场面：

> 上元夕，西厂舞灯、放焰火最盛。未申之交，驾至西厂。先有八旗编马诸戏。日既夕，则楼前舞灯者三千人列队，口唱《太平歌》，各执彩灯，循环进止，一转旋排成一个"太"字，再转成"平"字、"万"字、"岁"字，又以

次合成"太平万岁"四字,所谓"太平万岁字当中"。舞罢,则焰火大发,声如雷霆,火光烛半空,但见千万红鱼奋迅跳跃于云海内,极天下之奇观。

楼前的灯戏竟有三千人列队,演员们手持彩灯,边走边唱《太平歌》,在歌声中或行或停,或立或转,动作整齐划一、队形变换完全同步。数千只彩灯依次组成硕大无比的"太平万岁"字样,点亮了整个夜空,气势之恢弘,令人叹为观止。

山高水长的元宵灯戏,乾隆朝共举办过四十八次,有幸在此观礼的各部族首领、贵族和外国使臣等约近万人。遍地灯笼的壮观景象给所有有缘观灯的人留下了终生难忘的深刻印象。法国传教士王致诚曾在寄回国内的信件中这样写道:

> 在这一天,全中国都被照亮了,而最明亮的地方就在皇帝的宫殿里;没有一处楼阁、殿堂或门廊的天花板上没有挂上几盏灯笼。在所有溪流、河道和湖泽上,也都会放上几盏制作成小船形状的灯笼,浮在水上来回漂荡。在所有山丘、桥梁和几乎全部树上,都挂上一些灯笼,这些灯笼制作得极其漂亮,有鱼、鸟、兽、花瓶、水果、花卉和船等大小不一的各种造型。有些灯笼是用丝绸制成,有些则是利用兽角、玻璃、贝壳,以及其他上千种材料……与之相比,我们的灯笼就显得穷酸与贫乏。

三 • 古代"劳动节"与"一亩三分地"

古代有没有"劳动节"？答案是有的。古代的"劳动节"需要皇帝和皇后以身垂范，亲自参与农事劳动，鼓励农桑，于是就有了皇帝的"亲耕礼"和皇后的"先蚕礼"。

皇帝的"亲耕礼"

《国语》有云："民之大事在农。"我国自古以农业立国，皇帝对春耕尤为重视。每年立春后，他们都会在一块特定的田地里亲自扶犁耕田，号召全国百姓积极劳作，这块特定的田地就是皇家的"演耕地"。皇帝在演耕地参加的农事活动，被称为"亲耕礼"，也叫"耕耤礼"或"籍田礼"。

亲耕礼的传统源远流长。考古学者通过对甲骨卜辞的释读发现，早在商代就出现了领主贵族在自己的土地上亲耕或主持籍田的活动；到周代，籍田礼得到进一步的发展，变为天子亲耕的劝农、丰产礼仪。西周时期的令鼎铭文显示，周昭王时期已有"王大籍农于諆田"的记载。《国语·周语上》说："及籍，后稷监之，膳夫、农正陈籍礼，太史赞王，王敬从之，王耕一坺，班三之，庶民终于千亩。"西周时期的籍田大礼，有农官后稷、农正以及膳夫、太史等参与，周王象征性地耕作，最终引领庶民们耕种千亩土地。

亲耕礼至汉代成为定制。《礼记》中有比较详细的关于亲耕礼仪的记载。《祭义》中说："昔者天子为藉千亩，冕而朱纮，躬秉耒；诸侯为藉百亩，冕而青纮，躬秉耒。以事天地、山川、社稷、先古。"在籍田礼上，周天子、诸侯都要穿正式的礼服、戴冕旒，天子的冕旒上饰以红

● [清]佚名:《雍正帝祭先农坛图》(局部)

绳,诸侯的冕旒饰以青绳。《月令》中说,天子会在正月择吉日祭祀农神,亲自扶犁耕田,在田间来回犁耕三次,以下王公犁田五次,九卿犁田九次。不管王朝如何更迭,亲耕礼在重农的古代中国一直延传了下来。

朱元璋建立明朝后,于洪武二年(1369)二月在南京南郊建造先农坛,作为明朝皇帝行亲耕礼的地方。明成祖朱棣迁都北京,在营建紫禁城时,仿造南京先农坛的规制,在正阳门南端西侧建造了山川坛,中有皇帝更换祭服的具服殿、面积为"一亩三分"的演耕地、演耕地北面的观耕台以及储藏皇帝亲耕田产粮的神仓等,并定下后世皇帝在登基时须

◆ 从观耕台看一亩三分地

◆ 观耕台

来此行亲耕礼的祖制。万历四年（1576），山川坛更名为先农坛，并为清代所沿用。

亲耕礼是怎样安排的呢？据《明史》记载：亲耕礼之前，京城府官要提前进宫，把备好的耒耜和种子呈给皇帝检视，之后再由内官经午门东侧门洞捧出，在鼓乐和挂着彩旗的马车护送下，将农具和种子先行送到先农坛"一亩三分地"的位置。参加亲耕礼者一般是王公九卿、六部官员、京城府官等人，陪祀的还有具声望、有地位的耆老农民，参加典礼的百官都需提前斋戒。等到亲耕礼进行的当天，皇帝身穿龙袍、头戴翼善冠，坐着轿辇到先农坛，先去具服殿更换礼服，上香祭祀先农，行三跪九叩大礼。

随后，皇帝换回原装，由太常卿导引至"一亩三分地"的中间之位，朝南肃立。参与亲耕礼的三王九卿分列在皇帝两侧。亲耕礼开始时，户部尚书和顺天府官员向皇帝跪进耒耜和鞭子。皇帝一手执鞭、一手扶耒耜，在地里来来回回耕上三趟，顺天府官员则跟在他身后撒种。耕完田，皇帝向北登上观耕台，观看参加亲耕礼的百官们耕作。百官耕田仍沿用自古承袭的祖制，王公耕五趟，尚书和九卿耕九趟。待所有参与亲耕礼的官员都耕完田，皇帝再次更衣升座，接受百官朝拜，对参加亲耕礼的官员进行赏赐。皇帝只耕三趟地，耕不完的田会由参加仪典的老农率几十位农人把"一亩三分地"全部耕完。

清朝皇帝很重视亲耕礼，甚至规定在先农坛行亲耕礼之前，要在丰泽园预先"彩排"。丰泽园位于西苑内，也就是今天的中南海。丰泽园由康熙帝下令兴建，"丰泽"的含义就是风调雨顺、五谷丰登。兴建这座庄园，首先是为了劝课农桑。据《清会典》记载，丰泽园有稻田十亩一分、演耕地一亩三分，园后有几十株桑树，东南角还有几间养蚕的小屋。园内一切不求奢华，建筑都采用青砖灰瓦，以质朴田园为特色。在位期

◉ [清]焦秉贞:《康熙御制耕织图》第二图

间，康熙帝几乎每年都要到丰泽园住上一段时间，在这里亲耕亲蚕，处理政事，以示国家敦本重农的意旨。这种思想在雍正、乾隆两代帝王身上也都有传承。

乾隆帝曾在《丰泽园记》中写道：父亲雍正帝继承祖业，数年来多次在这里进行亲耕礼的预演。由此有学者推测，丰泽园的演礼之制或始于雍正年间，一直持续到清末光绪年间，一般是第一天在丰泽园预演，第二天在紫禁城内检查农具，第三天在先农坛行亲耕礼。

"演耕"彩排多在孟春举行。晚清政治家、光绪帝的老师翁同龢在《翁同龢日记》里描述过丰泽园演耕礼的行程：光绪十四年（1888）农历二月二十七日是个晴朗的日子，光绪帝在上午十点一刻左右到达丰泽园，先在田外的帐篷休整更衣，等待户部侍郎嵩申准备耕犁，顺天府尹高万鹏准备鞭子。一切准备就绪后，皇帝手持耒耜走在最前面，翁同龢和内阁学士孙诒经负责播种，孙诒经拿着筐，翁同龢负责撒种，顺天府丞何桂芳手捧装种子的青箱跟在后面，汉御前大臣和御前侍卫扶犁，两位老农牵牛。在皇帝带领下，众人在地里来回耕种了四趟。二十八日下着小雨，早上六点光绪帝就到了中和殿，与翁同龢等人一起核阅祭农神的祭文，检查亲耕礼的农具。二十九日才正式到先农坛，照着在丰泽园彩排过的"演耕"行正式的亲耕礼。

为什么明清皇帝演耕的土地是"一亩三分"呢？所谓一亩三分，其实就是十三分地。在古代，十三是个吉祥数字，也是帝王之数。比如"福"字就有十三笔，我国明代在全国设有十三布政司，很多皇帝的腰带上佩有十三只玉环。皇帝在"十三分地"示范春耕，既符合帝王身份，也寓意着五谷丰登、国泰民安。

◆ 中和殿内景

◆ 保和殿

康熙帝发现的"御稻米"

和一般的皇帝在亲耕礼上走走过场不同，清朝一位爱钻研的皇帝，在亲耕过程中发现了一种种植时间短、产量高的优质稻米，他就是"学霸皇帝"康熙帝。

康熙帝的亲耕并非做做样子，而是真的在丰泽园扶犁耕作、采桑养蚕，"所得各方五谷菜蔬，必种之，以观其收获"。在这里，他通过科学试验方法发现并培育出优质的水稻品种——御稻米，在我国各地进行了成功推广，这种淡红圆润、松软香甜的御稻米深受百姓的追捧和喜爱。

《康熙几暇格物编》中记载了康熙帝发现御稻米的始末。康熙年间，丰泽园稻田里种的是河北玉田的谷种，这种稻谷春播秋收，到每年九月时才开始收获。康熙二十年（1681）六月下旬的一天，康熙帝从田间经过，偶然发现一颗谷穗"鹤立鸡群"。这颗谷穗不仅长得特别高，而且其中的谷粒已经成熟。于是康熙帝把这颗特殊谷穗的种子收藏起来，用它再播种，次年六月，他发现这颗谷穗又结满了谷粒。康熙帝大喜，立刻下令推广种植这种稻谷。这种由康熙帝亲自发现、推广种植的优质稻米被命名为"御稻米"。

康熙帝在位期间，对御稻米进行了持续推广与改良，在京西玉泉山、畅春园等地都成功种出了御稻米。他有一首诗写的就是京中稻米丰收的喜悦心情："七月紫芒五里香，近园遗种祝祯祥。炎方塞北皆称瑞，稼穑天工乐岁穰。"畅春园遗址上建成的海淀公园里，至今还种植着当年康熙帝培育的御稻米。

在北京推广御稻米种植技术成功后，康熙帝下令向长城以北地区大量推广。曾经的热河地区无法种植水稻，尽管这里水土丰美，但气候相

● 畅春园遗址种植的御稻

对寒冷，白露后水稻便无法成熟。而御稻米的生长周期短，正适合在热河地区推广。康熙四十四年（1705），康熙帝在避暑山庄进行御稻米种植试验，获得了大丰收。从此，避暑山庄不仅能"自产自食"优质稻米，粮食还有了盈余。康熙帝在避暑山庄成功培育出御稻，改变了长城以北地区无霜期短、不适合种植水稻的历史。

不仅如此，康熙帝还想把御稻米向炎热的南方推广，在南方培育出一年两熟的双季稻。康熙五十四年（1715），康熙帝赐给苏州织造李煦一石御稻米种子，让他在苏州试种。自此，李煦每年都会上奏回禀双季稻的培育情况。从故宫博物院所藏的《李煦奏折》中可知，李煦第一年的尝试并不成功，双季稻的亩产量不足一石。康熙帝在批复中一针见血地指出，李煦的尝试之所以不成功，是因为没有考虑到南北气候差异，插秧的时机不对。他还派精通水稻种植的官员李英贵作为"技术指导"，

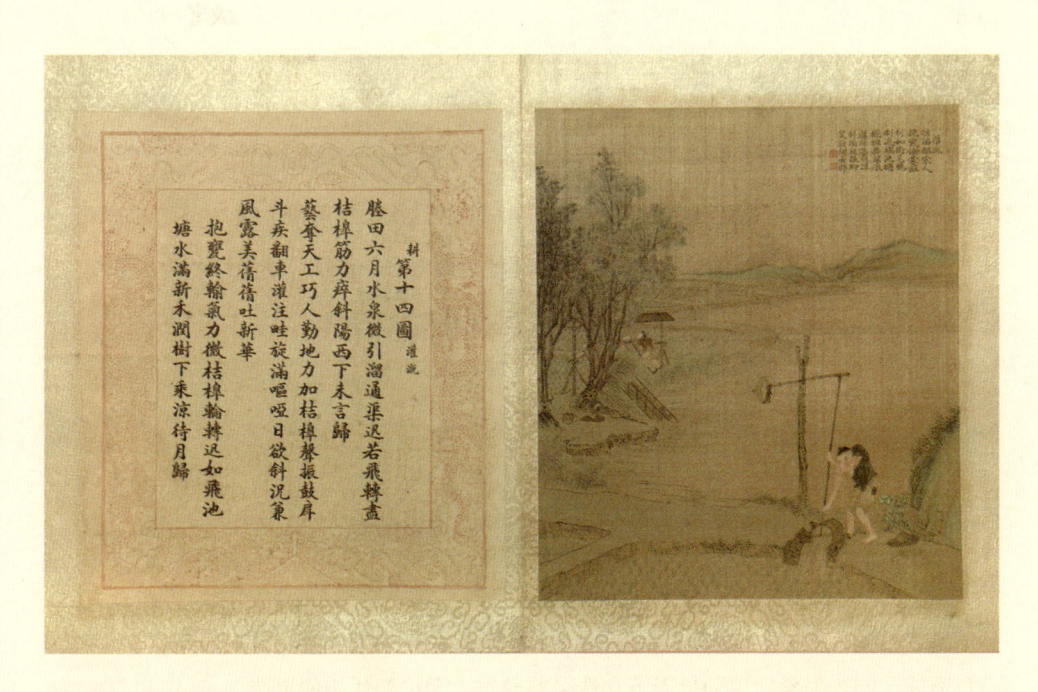

耕 第十四圖 灌溉

塍田六月水泉微 引溜通渠迅若飛 桔橰盡
藝奪天工巧人勤地力加 桔橰礱礱振鼓桴
斗疾翻車灌注哇畎旋滿喔咿日欲斜況東
風霑美禾宿宿吐新華
抱甕終輸力撇桔橰翰轉迅如飛 池
塘水滿新禾潤樹下乘涼待月歸

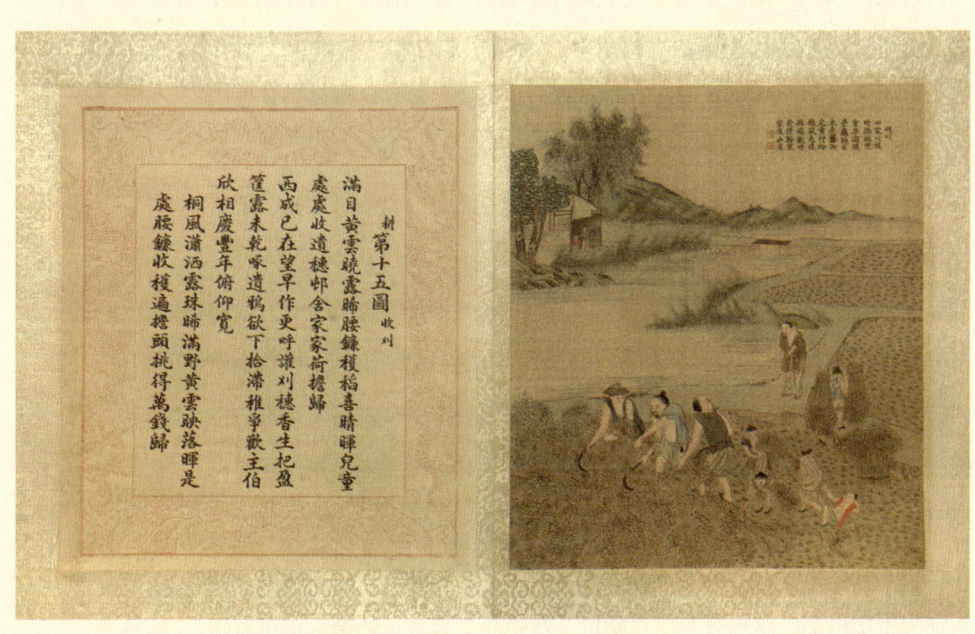

耕 第十五圖 收刈

滿目黃雲曉靄晴 腰鐮稚稺喜晴暉 兒童
處處收遺穗 邨舍家家荷擔歸
兩歲已在望早作更呼誰刈穗香生把盈
筐露未乾啄遺鵠欹下拾穉稚爭歡主伯
欣相慶豐年俯仰寬
桐風蕭灑露珠晞 滿野黃雲映落暉 是
處腰鐮收穫遍 擔頭挑得萬錢歸

● [清]焦秉貞：《康熙御制耕織圖》第十四、十五圖

专程到苏州去督办双季稻试验。第二年,李煦扩大了试验田的种植面积,根据苏州的气候特点,适当提前了插秧和收割时间。这次尝试取得了成功,康熙帝在给李煦奏折的朱批中写道,希望他将御稻进一步推广到江西、浙江等地。这样一来,双季稻在我国南方地区逐渐普及开来。

皇后的"亲蚕礼"

皇帝"亲耕",母仪天下的皇后则要在春季为天下妇女做出"亲蚕"的表率。亲蚕礼的传统同样源远流长。《周礼》记载,仲春时节,王后会亲自在北郊养蚕,用于制作祭服。❶《吕氏春秋》记载,后妃会在农历三月斋戒,向东采桑,以劝导天下女性采桑养蚕。无论朝代如何更迭,重农重桑始终是古代中国的立国之本,"亲蚕礼"也和"亲耕礼"一样,一直沿袭了下来。位于北京市北海公园东北角的先蚕坛,就是清代皇后行"亲蚕礼"的地方。

清代的亲蚕礼一般由皇后亲自主持,包括诣坛、祭坛、躬桑、献茧等环节。祭祀先蚕的时间由钦天监选定,一般在农历三月的某个吉日。"诣坛"前三天,皇后要进行斋戒,以示诚敬。"诣坛"当天黎明,皇后率陪祀嫔妃着吉服,先在交泰殿检视工具,再由神武门出宫,由北上门西行至先蚕坛祭神。祭蚕神当日,如果先蚕坛蚕室里有蚕出生,那么按仪制可于第二日举行躬桑仪;如果这一天蚕室里的蚕还未出生,还要再择日躬桑。

"躬桑仪"是怎样进行的呢?据《国朝宫史》记载,举行躬桑仪的地点在先蚕坛南部。这里有一座观桑台,两侧都是桑林。躬桑仪由皇后亲

---

❶ 《周礼·天官·内宰》:"中春,诏后帅外内命妇始蚕于北郊,以为祭服。"

● 先蚕坛大门

自主持，挑选妃嫔两名，公主、福晋、镇国公夫人三人，文三品、武二品官以上命妇四人，负责典仪的执事女官、主观蚕事的蚕母、养蚕的妇人等数十人。

　　采桑主要用钩和筐，这些工具也有严格的等级之分。皇后使用金钩和黄筐，妃嫔使用银钩黄筐，公主、福晋、夫人、命妇用铁钩红筐。参加采桑的贵女也按身份等级各有"点位"，由北向南第一排桑林归皇后使用，此后几排依次归妃嫔、公主、福晋、夫人及命妇使用。

　　躬桑仪只是象征性的仪典，皇后和妃嫔们从哪里开始采桑、采几片桑叶都是有定数的。仪典伴随着《采桑辞》的鼓乐声开始，皇后先走到东侧第一株桑树前，向东采桑一片，再走向西侧第一株桑树，向东采桑两片。皇后只采这三片桑叶，就算完成了"躬桑仪"的使命，随后便入座观看其他人采桑。参加典礼的女眷中，妃、嫔、公主、福晋、夫人每

◉ [清]郎世宁:《亲蚕图·诣坛》(局部)

◉ [清]郎世宁:《亲蚕图·祭坛》(局部)

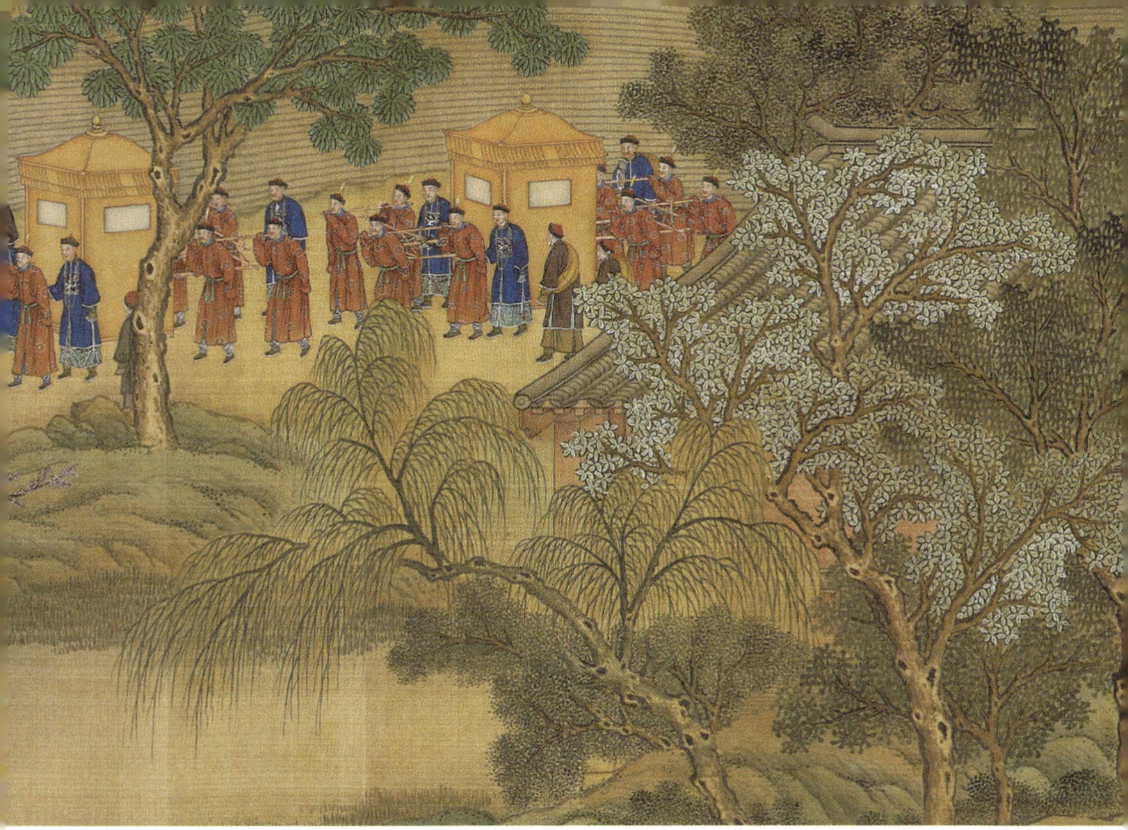
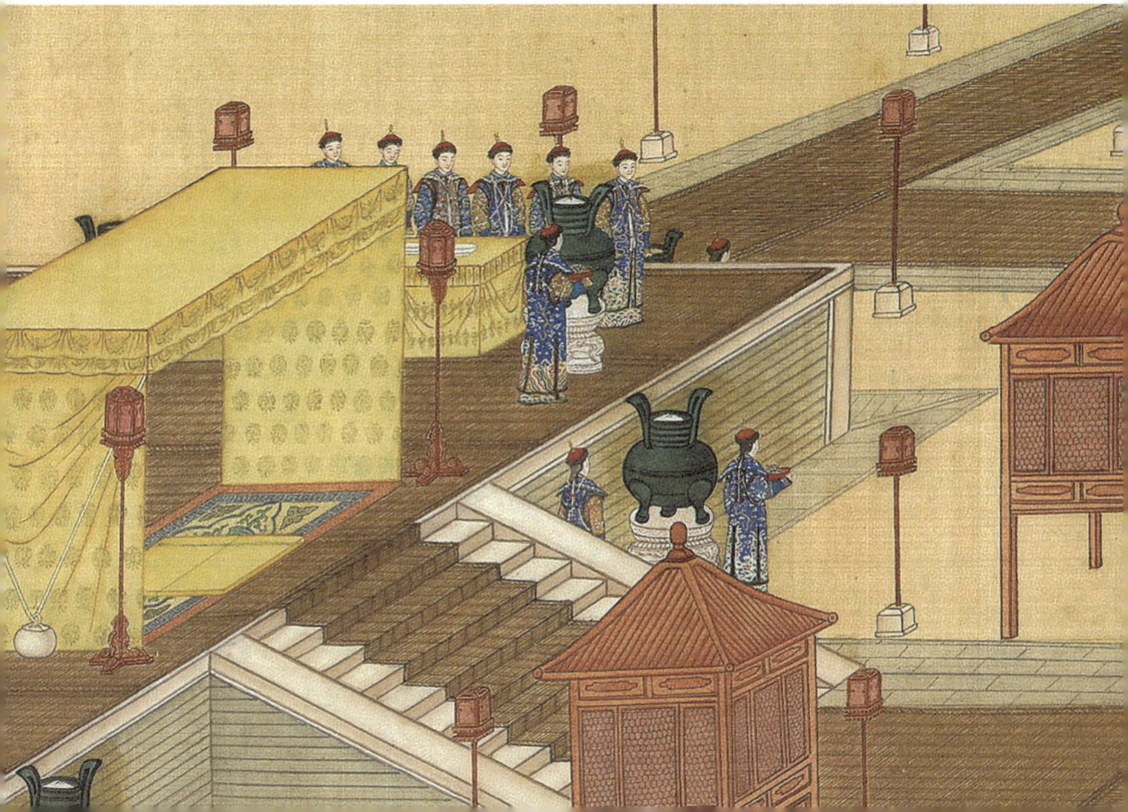

◦ [清] 郎世宁:《亲蚕图·采桑》(局部)

◦ [清] 郎世宁:《亲蚕图·献茧》(局部)

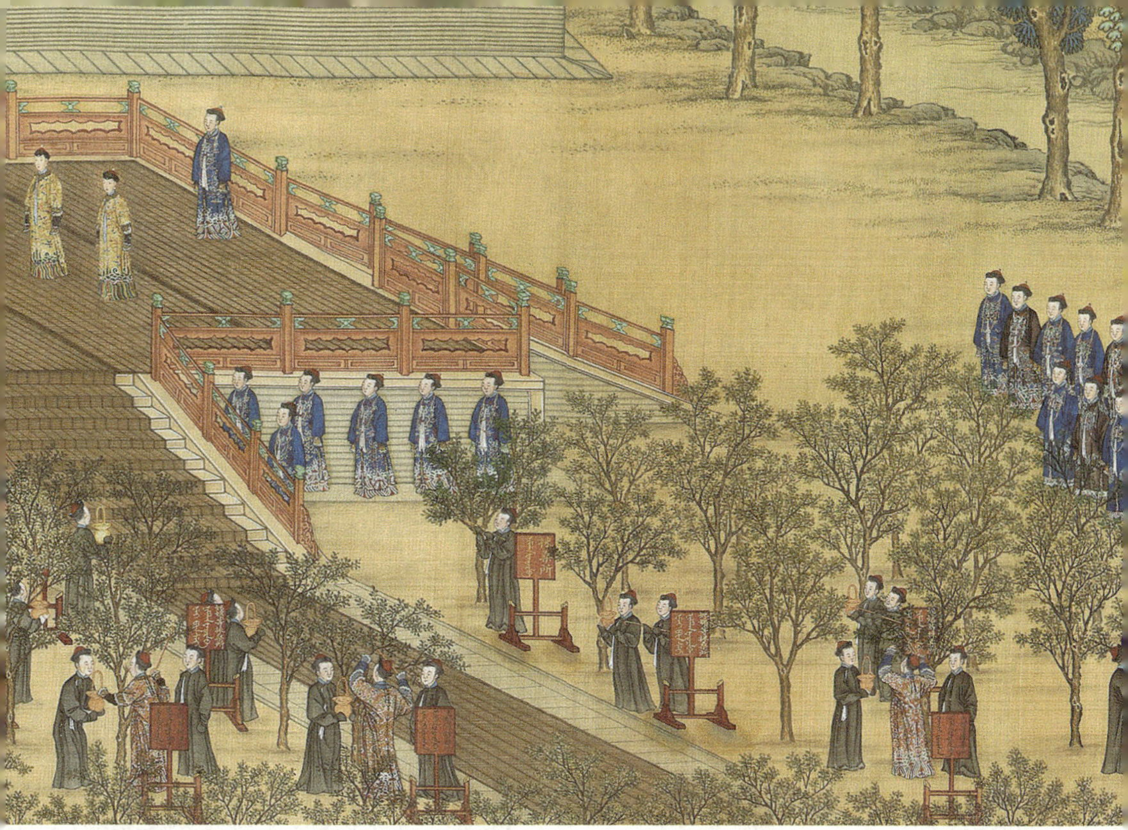

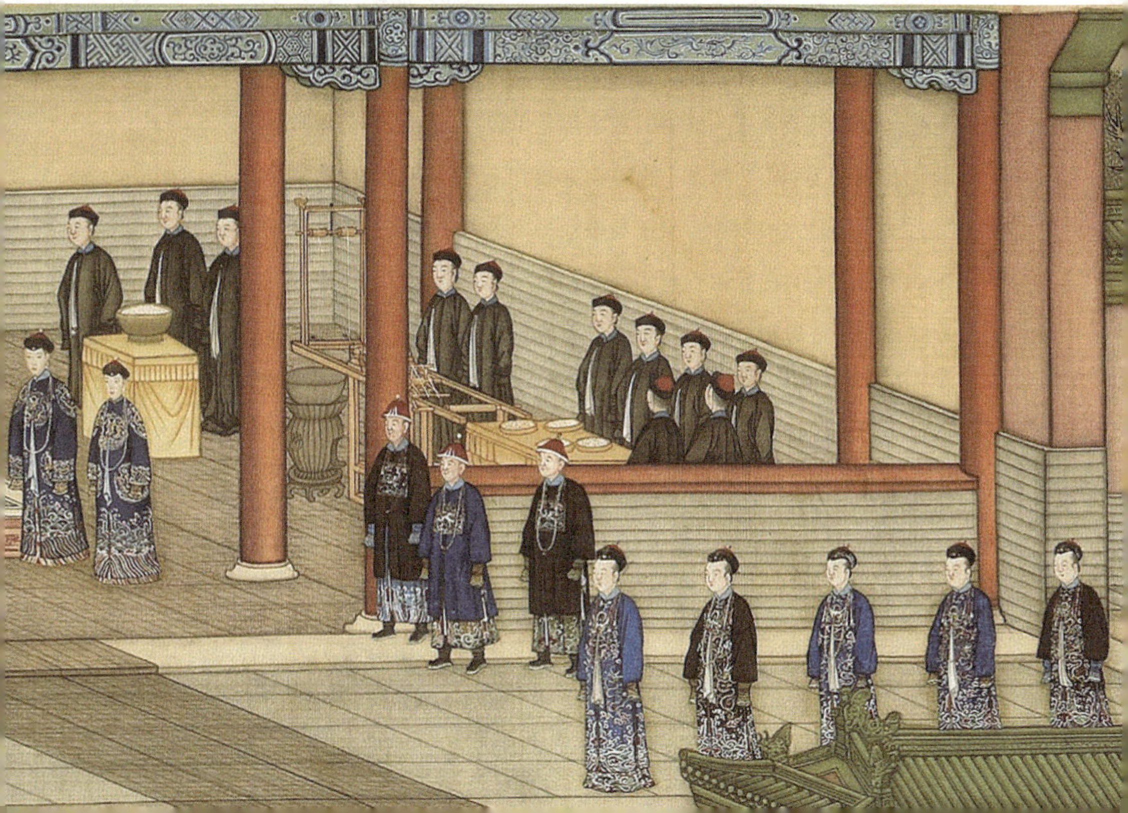

●［清］郎世宁:《亲蚕图》(局部)

人采桑五片，命妇采桑九片。这里的数字都是单数，因为古人把单数称为"阳数"，"三生万物"，寓意宇宙万物之数；"五"居阳数之中，寓意范围之广；"九"是最大的阳数，象征数量众多。这三个数字，表达了皇家对天下农事最广大的祝福和祈愿。

采桑完成后，蚕母和蚕妇在女官引导下走到观桑台前，皇后将装有桑叶的筐交给蚕母，妃嫔等人依次将各自的筐交给蚕妇。蚕母和蚕妇将所有桑叶切碎，送到观桑台东侧的蚕室里，给皇家养的蚕喂食。待这一切程序都走完，皇后再回到具服殿升座，其他人等在殿外谢恩。至此，躬桑仪才算完成。

蚕室里养的蚕结茧后，蚕母和蚕妇会挑选质量上乘的盛筐献给皇后，再由皇后进献给皇帝和太后，这就是所谓的"献茧仪"。之后，皇

后会再择吉日率嫔妃前往先蚕坛缫丝。皇后要亲手缫丝三盆，嫔妃要缫丝五盆，剩余的蚕茧则由蚕妇缫完。这一系列程序都结束，才宣告着这一季的"先蚕礼"正式完结。

三 · 宫里如何过端午

"端午"原作"端五",意即五月开始。端午节还有"天中节""天医节""龙舟节""粽子节"等别称。明清皇家庆祝端午的节俗虽与民间类似,不离辟邪驱毒的主旨,但更加丰富、盛大。一般来说,宫中的端午习俗包括悬艾虎、穿"五毒衣"、佩香袋、携锭药、饮药酒、观龙舟等。

悬艾虎

所谓"艾虎",就是把艾草剪成虎形,佩戴在发髻上,或者挂在门上。据《荆楚岁时记》记载,南朝时,人们于端午清晨鸡未鸣时采摘艾叶,编织成人形,称为"艾人",以此祛除"毒气"。从注文中看,民间至少在隋代已有将艾叶剪成虎形,或用彩笺剪虎,饰以艾叶,佩戴在身上的传统。

◎ [清]徐扬:《端阳故事册·裹角黍》

[清]郎世宁:《午瑞图》

古人为什么要把艾叶裁剪成虎形？这与"虎镇五毒"的传统有关。所谓五毒，是指蜈蚣、蛇、蟾蜍、蝎子、壁虎。每年农历五月，也是这些毒虫繁衍的高峰期。因此人们历来有在端午节"避五毒"的传统。周密在《武林旧事》中提到过宋代宫廷悬挂艾虎来镇五毒的掌故："插食盘架，设天师、艾虎，意思山子数十座，五色蒲丝、百草霜，以大合三层，饰以珠翠、葵、榴、艾花、蜈蚣、蛇、蝎、蜥蜴等，谓之'毒虫'。"把除夕辟邪的虎用到了端午节，艾虎之风逐渐流行。

端午节时，明清皇家亦有悬艾虎驱邪祟的传统，皇帝在端午节的赏赐中就有艾虎。如《弇山堂别集》中提到，嘉靖十五年（1536）的端午节，嘉靖帝就在崇智殿赏赐预命侯郭勋、大学士李时、尚书夏言候等人艾虎、花绦、百索、牙扇等物。乾隆帝在诗中也多次提到在端午节悬挂艾虎，如"艾虎乍悬沿户绿，霓旌才飏彻波鲜"，"蒲樽屏弗举，艾虎例犹排"。

虎镇五毒补子

据《酌中志》记载，明代宫内太监、宫女自五月初一至十三日会穿绣有五毒图案的"五毒衣"和"艾虎褂子"；在民间，小孩子也有穿五毒衣，或在肚兜上绣五毒图案的传统。端午节前后，明代宫廷也会制作"节日限定"——为端午节特制"虎镇五毒补子"，让达官显贵们穿在身上"应景儿"。《酌中志》中就提到过这种"五毒补子"："（五月）初一至十三日止，宫眷内臣穿五毒艾虎补子蟒衣。门两旁安菖蒲、艾盆。门上悬挂吊屏，上画天师或仙子、仙女执剑降毒故事，如年节之门神焉，悬一月方撤也。"

当时的民间衣饰尚不能用补子，这种"高级定制"多为"贵族限定"。其中最知名的一件"虎镇五毒补子"是北京定陵出土的明代艾虎五毒纹

● 红地奔虎五毒妆花纱裱片

方补。这件方领女夹衣的补子出自明神宗孝靖皇后的棺椁，或为孝靖皇后当年的故衣。胸补上有二虎相对，并绣有花卉、蛇、蜈蚣等；背补中间绣着一只卧虎，虎周围有艾叶花卉和五毒纹，上面的蛇、蝎、蜥蜴、蟾蜍、蜈蚣或爬或跳，生动逼真。还出土过一件万历年间洒金线绣的虎镇五毒龙方补，胸补的正中盘着一条金龙，龙的正下方卧着一只金线盘绣的老虎，龙虎四周散布着五毒纹。研究者推断，这件补子当年或许是用在皇帝岁时的吉服上。

从出土文物看，这些皇家用"虎镇五毒补子"的色彩配比仍然遵循中国传统的五色观，以红黄蓝白黑与绿叶调谐，特别突出红、黄两色，既象征着皇权的威严，又呼应节日的喜庆气氛，成为端午节一道颇有特色的风景线。

葫芦镇五毒香袋

端午节的重要主题是纪念楚国诗人屈原，屈原本人就有佩香草的好尚。我国历来有在端午佩香袋的习俗，其形制一如《岁时杂记》中所说："端午以赤白彩造如囊，以彩线贯之，搐使如花形。"

◉ [清]佚名:《十二月令图·五月》(局部)

皇家用的香袋有什么不一样吗？从故宫博物院现有的香袋藏品来看，香袋里装的和民间一样，也是朱砂、雄黄等药物，以及沉香、迦南、龙涎等香料，只不过外观的丝布用料更为考究，工艺和纹样也更为精致。

故宫博物院珍藏的端午香袋，比较有特色的是清代的葫芦形香袋。满族向来有剪葫芦花镇五毒的传统。《燕京岁时记》载："端阳日，用彩纸剪成各式各样的葫芦，倒贴于门阑上，以泄毒气。"为了让这些剪纸葫芦更加美观，人们有时会给葫芦缀上穗子，有时会在葫芦中剪出五毒的样子，因此这些剪纸也叫"倒灾葫芦"，意为驱赶毒邪之气。葫芦又与"福禄"谐音，造型与"吉"字相似，因此清宫中有以外绣五毒纹饰的葫芦花形香袋"套住"五毒的旧俗。

清宫端午时的香袋用量极大，据内务府造办处活计档的记载，雍正元年（1723）端午节前，怡亲王允祥下令制作的香袋就达六百个之多。

清佚名《雍正十二美人图》中佩香囊的仕女

● 黄色缎穿珠万寿纹荷包 　　　　　　　● 石青色缎口满纳五毒纹椭圆荷包

● 压金银丝葫芦式荷包 　　　　　　　● 黄色缎绣五毒大吉纹鸡心式荷包

● 葫芦式银香囊

雍正七年（1729）的端午节节例，雍正帝下令制作不同样式的香袋更有八百一十个，其中两百五十个为赏赐用，其余留给宫中。

御赐宫扇

端午节期间，皇帝也会给皇亲公侯、文武百官、外国使节等颁赐节令时礼以示恩宠，赏赐中必备的一件礼物是扇子。

端午一过，仲夏来临，天气慢慢变得炎热起来。端午赐扇，驱疫解暑也就成了自古相袭的风俗。赐扇的传统自唐代就有，《事物纪原》中就有贞观年间的端午节，唐太宗李世民赐给近臣长孙无忌、杨师道扇子的记载。另一方面，"扇"与"善"同音，扇子也是清正的象征。皇帝希望通过赐扇给臣工带来"善（扇）扬仁义之风"。唐史中还有天宝年间皇家以衣、扇祭献祖陵的记载。此风也渐渐流入民间。唐末李淖《秦中岁时记》中有云，"端午前两日，东市谓之扇市，车马特盛"，人们纷纷买扇相赠。及至宋元，端午赠扇的习俗依然流行，时人"争造花巧画扇"，朝廷亦特制画扇赠送百官，以为宫廷节礼；也会制作名贵的宫扇，赐予后妃，这种传统一直流传至明清时期。

明宣德元年（1426），宣宗朱瞻基效仿唐宋，首用古礼，赐扇给文武群臣，从此明代皇帝都会在端午节给百官赐扇，赏赐一般为竹制宫扇，扇上绘有意境清雅、寓意吉祥的书画，有时是皇帝御笔亲题的诗文。景泰年间，明代宗朱祁钰为了表示对资格比较老的内阁大臣和经筵讲官的重视，专门采办材质更为名贵、制作更为精美的特制宫扇，比如川扇、象牙扇、紫檀扇等，还会随扇加赐其他的节令礼品，以示对重臣的敬重。如《大明会典》中记录过万历时期皇帝给百官的端午赏赐："凡端午节，文武百官俱赐扇，并五彩寿丝缕。大臣及日讲经筵官，或别赐牙边扇并

● 黄色绸贴绒花卉图面紫檀木雕花柄团扇

● 绢画五毒图面木包锦边竹柄团扇

● 绢画山水图面棕竹边柄团扇

● 王敬铭画山水刘墉书御制诗成扇

● 黑漆股嵌象牙彩画边素面折扇

彩缕、艾虎等物。"《万历野获编》中也有皇帝特别优待重臣的记载:"惟阁部大老及经筵日讲词臣,得拜川扇、香果诸赐,视他节令独优。"

清代基本沿袭明朝旧制,《燕京岁时记》中记载:"内廷王公大臣至端时,皆得恩赐葛纱及画扇。"不仅如此,皇帝还会把扇子赏赐给外藩国王,以联络感情,维系统治。如乾隆五十六年(1791)端午节前,乾隆帝赏给安南国王阮光平的礼单中,就有十锦扇一匣、芭蕉扇一柄、象牙扇一柄。

携锭药,饮药酒

端午时节,紫禁城中有携锭子药的宫俗。锭子药是清代常见的宫廷用药形制。内务府造办处一般会在端午节前统一制作一批锭子药,包括紫金锭、蟾酥锭、离宫锭、盐水锭、万应锭等诸多名目,主要成分包括雄黄、朱砂、冰片、麝香、胡连、黄连等。制药师傅会将这些药物磨成细粉,倒在特定的模具里,再用黏合剂粘成金锭、银锭的形状,也有纺锤形、饼形、棍形、纽扣形等。逢端午节,也会做成蒜头、葫芦、张天师等能克五毒、避邪祟的吉祥形状。锭子药做成锭形后,还要请画匠绘上彩画,做成各种形状,赏赐给后妃和大臣,谓之"什锦锭药"。使用时放在香袋、荷包中,或者做成手串、香珠等饰品,前面介绍过的"避暑香珠"就属于锭子药的一种。锭子药既能内服,也能外用,主要功效有避暑、除潮、解毒等。使用时,用水或酒化开即可,十分方便,危难关口,可以救急保命。

端午节期间,皇帝给大臣们的赏赐中往往会包含锭子药,在雍正、乾隆朝的档案中均有皇帝给京外的地方官员赐锭子药的记载。《红楼梦》第二十八回中,被封妃的贾元春给贾府诸位太太小姐的赏赐中就有锭子

药。刘姥姥二进荣国府，临走时，从贾府带走的礼物中也有梅花点舌丹、紫金锭、活络丹、催生保命丹等丹丸药锭，"每一样是一张方子包着"。

"紫金锭"是夏日救急的良药，也是端午时很应景的赏赐节礼，主要用来辟瘟解毒、消肿止痛，对治疗中暑也有奇效。这种药锭最早可追溯至宋代的《是斋百一选方》，明代的《丹溪心法附余》中记录了紫金锭的详细配方：慈姑、红大戟、千金子霜、五倍子、麝香、朱砂、雄黄。相传光绪帝曾因为暑热，胸部起了许多红疙瘩，御医诊治后，开出将紫金锭研磨成粉来涂抹的方子，没过多久，光绪帝的病就好了。

端午节还有饮雄黄酒的习俗，酒中还加入了菖蒲。《帝京岁时纪胜》中"五月端阳"记载："午前细切蒲根，伴以雄黄，曝而浸酒"，认为雄黄和菖蒲可"避虫毒"。《酌中志》中记载了紫禁城的端午习俗："初五日午时，饮朱砂、雄黄、菖蒲酒，吃粽子，吃加蒜过水面。"《御定月令辑要》载："菖蒲酒，原千金月令，端午以菖蒲或缕或屑，以泛酒。"端午节期间，皇帝和后妃们也会将雄黄、菖蒲掺入玉泉酒、太平春酒中饮用。《世宗宪皇帝上谕内阁》中记载："初五

◉ 嵌螺钿椭圆形紫金锭佩

◉ 嵌螺钿大喜纹葫芦形紫金锭佩

◉ 嵌螺钿长方形紫金锭佩

○ 清宫酒坛　　　　　○ 八宝太乙紫金锭

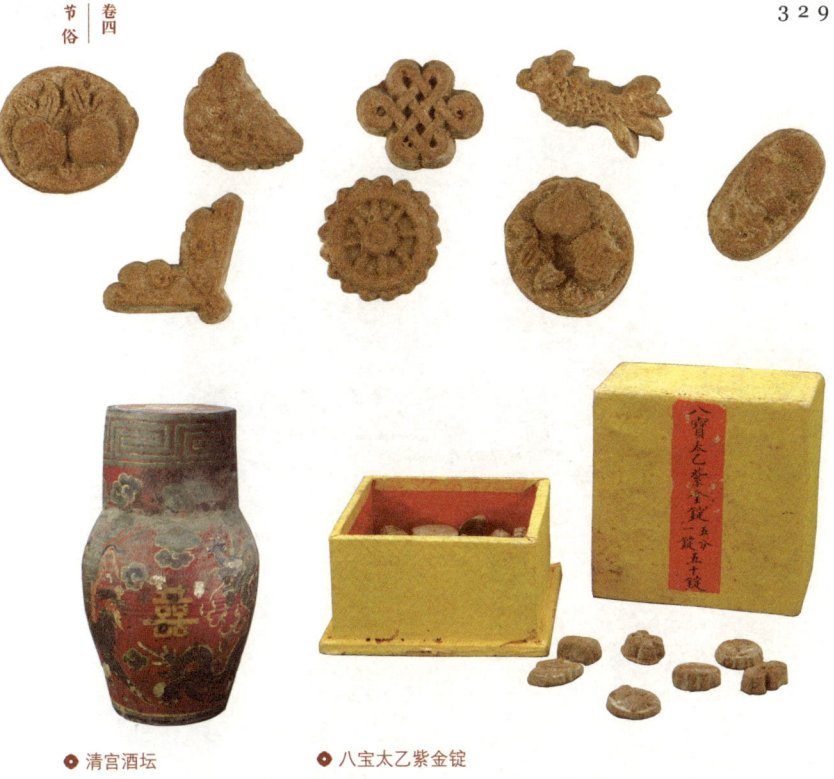

日，王大臣等赴圆明园叩节毕，皇上（雍正）出宫登龙舟……赐蒲酒。"清代帝王端午赏赐大臣的节令品之一就是菖蒲酒。

朱砂、雄黄、菖蒲均有药用功能。朱砂"主身体五藏百病，养精神、安魂魄"，雄黄"主寒热、鼠瘘、恶疮、疽痔"，菖蒲"主风寒湿痹"，但朱砂和雄黄有毒性，只能在酒里掺入少量，清人徐士銮在《医方丛话》中提到："（雄黄）性最烈用，以愈疾，多外治；若内服，只可分厘之少，更不可冲烧酒饮之。"

游湖观舟

明清时期，皇家也会在端午节组织盛大的龙舟竞渡活动。皇帝会邀请家眷或内臣一同游湖赏荷，观看龙舟竞渡。据《菽园杂记》记载：明

◆［明］郑重：《龙舟竞渡图》

● 银龙舟

代"朝廷每端午节……上迎母后幸内沼,看划龙船,炮声不绝,盖宣德以来故事也"。从明宣德到弘治年间,皇帝都会在端午节时陪太后驾幸西苑,观看龙舟竞渡。

清代延续了明代的传统。自顺治十一年(1654)起,每一年的端午节,皇帝都会率领内臣在西苑乘龙舟,或欢宴,或观竞渡。至雍正、乾隆、嘉庆、道光年间,每逢端午节,皇家都会在圆明园福海举行龙舟竞渡。郎世宁的《雍正十二月行乐图》中有一幅"五月竞舟",画的就是雍正帝在圆明园观龙舟时的情景。画中的雍正帝身着汉装,与亲眷们坐在码头楼阁之上,看湖面上一叶叶龙船彩旗招展,场面宏大而热烈。《清代历朝起居注》中也多次提到乾隆帝端午节期间陪崇庆皇太后在圆明园蓬岛瑶台赏龙舟的事迹。《啸亭杂录》中这样描绘皇家赛龙舟的场面:"福海中,皆画船箫鼓,飞龙鹢首,络绎于鲸波怒浪之间,兰桡鼓动,旌旗荡漾。"

端午承应戏

端午时,清宫中还会上演承应戏。所谓"承应戏",是逢时按节令演出的戏剧,因此又叫"节令戏""应节戏"。承应戏又分为仪典戏和观赏戏两种。仪典戏本身故事性不强,主要为烘托节日氛围。清宫的端午

◆ [清]郎世宁:《雍正十二月景行乐图·五月竞舟》

仪典戏主要有《灵符济世》《祛邪应节》《奉敕除妖》《正则成仙》《采药降魔》等，通过"捉五毒"的故事来表达被除不祥之意。

观赏戏大多根据民间流行的戏曲、小说改编而成，类似于电视连续剧那样的连台本戏，故事性比较强。比如《混元盒》，又名《阐道除邪》，讲述了一个光怪陆离的神话故事。明嘉靖帝好长生不老，宠幸道士陶仲文，广招童女炼丹药，因而触怒了天庭。玉帝派凶神下界，惩罚无道昏君。水神金花娘娘与天师张捷有世仇，把张天师困于水府，乘机放出九妖，危害百姓。张天师得老真人授予的混元盒等宝物，又请来孙大圣、二郎神相助，最终打败金花娘娘，将众妖收入混元盒。故宫博物院现藏有完整的昆弋本《混元盒》，全剧四本，每本八出，共三十二出，为昆曲、弋阳腔演唱。晚清时，宫中又将其翻为京剧皮黄本演出。

《混元盒》是清宫最受欢迎的观赏戏之一，上演这出戏时，还发生过"曲有误，君王顾"的一段往事。嘉庆七年（1802）端午前夕，嘉庆帝在看《混元盒》这出戏时，突然注意到鼓师高吉顺犯了错——把起更锣鼓打成了上场锣鼓。起更锣鼓和上场锣鼓的细微差别，一般人听不出来，但嘉庆帝听出来了。这个错误在民间演出不算大事，但在宫中就成了欺

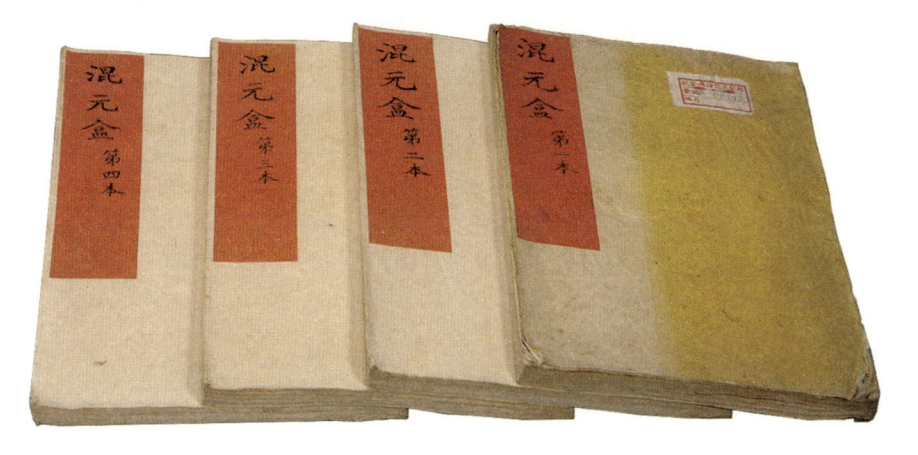

● 《混元盒》剧本

君大罪。于是，嘉庆帝命太监莲庆、来喜监刑，将高吉顺重责三十板，责令以后不让他参加"迎请"；又下令扣了高吉顺的师傅百福一个月的俸禄，以后也不再给他赏钱。

慈禧太后还亲自改良过端午承应戏。据戏曲家刘乃崇的《王瑶卿先生传略》载，一年端午，慈禧太后看戏高兴，突然要求把《阐道除邪》中的一段昆腔改为"反二簧"。这种唱腔的调门降低，使得音域更宽，曲调性更强，旋律的行进也有所变化。由于写出的唱词很难唱，她又不许旁人改动，因此几位演员多次试唱都唱不上板。直到王瑶卿仔细分句，又加了腔，终于凑上了板，慈禧太后听了也甚为满意。

四 • 宫里如何过中秋

中秋节始于唐朝初年,盛于宋朝,至明清时已成为我国最盛大的传统节日之一。在皇宫里,过中秋是一件十分隆重的事,内务府会安排各类活动,为皇室成员奉上一场丰盛的民俗盛宴,这些礼俗活动很多是从民间演化而来,但比民间复杂得多,也隆重得多。

祭月赏月

"中秋"的说法,源于《礼记·月令》篇的"仲秋"二字,但当时还没有将中秋作为一种节庆记载,也没有秋与月的渊源。直接将"秋"与月亮联系起来的,是先秦时期的皇家祭典。《国语·周语上》记载:"古者,先王既有天下,又崇立上帝、明神而敬事之,于是乎有朝日、夕月以教民事君。"韦昭注曰:"礼,天子搢大圭、执镇圭,缫藉五采五就,以春分朝日,秋分夕月,拜日於东门之外,然则夕月在西门之外也。"说明自西周时起,王室已有祭祀日月的典仪,至少在三国时期,已有秋日于西郊祭月的传统。

此后历朝历代多有秋分祭月的皇家典仪。到明清时期,"祭月"成为皇帝在中秋前后最重要的活动之一。《帝京岁时纪胜》载:"西郊夕月,乃国家明禋之大典也。"

明嘉靖九年(1530),嘉靖帝在阜成门外建造月坛,时名"夕月坛"。《春明梦余录》载:"夕月坛,在阜成门外,缭以垣墙。嘉靖九年建,东向,为制一成。秋分之日,祭夜明之神,神东向。"皇帝每三年去月坛祭一次月,其余年份则由武官代行。

皇帝祭月有专门的服饰,《清礼器图式》记载,夕月祭月时,皇帝

◐ 月白色祭月坛朝服

◐ 绿松石朝珠

夏朝服用月白，佩戴绿松石朝珠，朝带用白玉，"每具衔东珠五"。《清史稿》记载，皇帝秋分祭月时，于酉刻从宫中出发，祭祀时要行跪拜礼、进献礼等。

受"秋分祭月"影响，无论是民间还是宫廷，都有中秋"祭月"的习俗。《京都风俗志》记载了明清时期京中百姓祭月的场景："至望日（月圆日），于月下设鲜果、月饼、鸡冠花、黄豆枝等物。"因为古人认为女性属阴，与月亮属性相同，所以一般是家中女性拈香先拜，男性后拜。待全家拜完，一家老小齐聚庭院中，饮酒赏月，喝"团圆酒"。

皇家的祭月仪式更加隆重。溥仪的弟弟溥杰在《清宫习俗见闻录》中回忆宫中供月的场景：中秋夜，宫中会在月亮东升的时候，于养心殿院内朝东摆放一架木屏风，屏风前设两张八仙桌，两侧挂鸡冠花、毛豆枝、鲜藕等时令草木，桌上供一块七八斤重的大月饼，上有"广寒宫前玉兔捣药"图案，还有糕点、水果、香炉、红烛等祭祀用品。祭月仪式由赞礼官引导，先由南府太监念祭月表文，那腔调怪模怪样，"像京剧念白"。念完祭文，溥仪会派总管太监替他烧香行礼，接下来还要焚表，行跪拜礼。拜仪结束，会有太监把供桌上的大月饼按人数切块，每人象征性地吃上一口，寓意吃"团圆饼"。

中秋月夜，大人祭祀月神，小孩则祭祀兔儿爷。古人认为，兔儿爷是天宫中捣药的玉兔，是

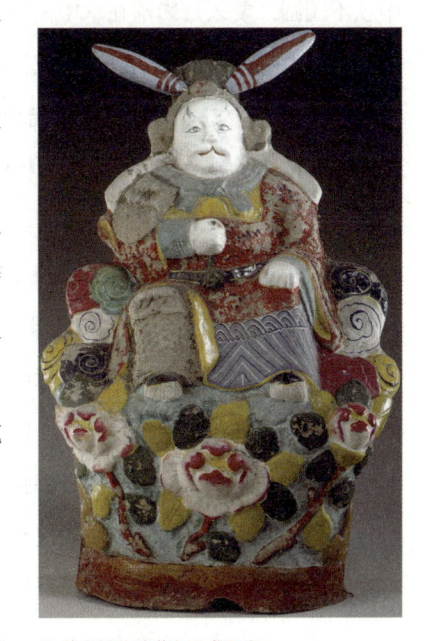

● 故宫博物院藏兔儿爷泥塑

治病救人的兔神。相应地，祭拜兔神，便能祛病保平安。宫里也有祭祀兔儿爷的习俗。《清稗类钞》载："中秋日，京师以泥塑兔神……禁中亦然。"故宫博物院的藏品中就有清代兔儿爷泥塑，有尊泥塑是从民间市场采办的，人形兔耳，身着红色官袍，正襟危坐于莲花宝座之上，很有民间工艺品质朴生动的特色。

祭月之后，皇家也会如民间百姓一样阖家赏月，共庆团圆。乾隆帝写了大量的中秋赏月诗，如："崖巅升玉魄，流彩座中移"，"只道姮娥太懒生，却欣今夜倍晶明"，"但是中秋月，那无即景诗"等。

不过，皇家赏月讲究节庆吉利，对不吉之语尤其避忌。查继佐在《罪惟录》中记载了这样一桩事：明太祖朱元璋曾与皇太子朱标、皇太孙朱允炆一起中秋赏月。席间，朱标作诗"虽然未得团圆相，也有清光遍九州"；朱允炆作诗"影落江湖里，蛟龙不敢吞"。朱元璋一听，认为要么中秋不团圆，要么月影落在水中，终究是一场空，甚感不悦。褚人获的《坚瓠集》中还写了另一件事：明成祖朱棣在某年的中秋赏月宴上，看到月亮被乌云遮住，大为扫兴。解缙给皇帝讲解月宫传说，"帝阍悠悠叫无路，吾欲斩蛤蟆，磔冥兔"，朱棣听得饶有兴致，停杯以待。不久月亮破云而出，朱棣大喜，盛赞解缙。

清代宫廷画家郎世宁绘有《雍正十二月行乐图》十二幅。其中"八月赏月"描绘的是雍正帝在圆明园与众亲友一同赏月的情景。画面中，天上的大雁排成人字形南飞，寓意中秋时节，天气已转凉。一座三层的阁楼旁边，圆月在水中呈现倒影。阁楼前的露台上，雍正帝一行坐在案前赏月，其乐融融。《弘历观月图轴》则描绘了乾隆帝中秋赏月的情景。月夜里，湖塘边，老树下，身着汉装的乾隆帝凭栏而坐，欣赏着中秋满月，身后两名小童一持扇而立，一端茶侍候。

慈禧太后在西逃的路上也不忘赏月。光绪二十六年（1900），八国

◦ [清]郎世宁:《雍正十二月行乐图·八月赏月》

◆ [清] 佚名:《弘历观月图》

联军入侵北京。《宫女谈往录》中描述了慈禧太后西行至忻州时于中秋夜赏月的细节:"只见老太后坐在廊子里赏月,披着一件外衣,靠在椅子上,椅子前摆一个兀凳,两脚平伸在兀凳上,上面搭一件毛毯,两旁茶几上放着水果、月饼之类的东西。"

花样繁多的宫廷月饼

"月饼"一词较早见于南宋周密的《武林旧事》,但书中并未提到月饼属于中秋的"节日限定"。及至明代,吃月饼的习俗在民间广泛流传。明人田汝成在《熙朝乐事》中写道:"八月十五日谓之中秋,民间以月饼相遗,取团圆之义。"据《燕京岁时记》记载,京中月饼以前门致美斋为第一,"他处不足食也"。

清宫里自有皇家御制的月饼,交由内务府造办处制作。宫廷月饼的种类很多,有用香油和面制成的香酥皮月饼,有用精炼的奶油和面制成的"奶子敖尔布哈月饼",还有猪油和面的月饼。月饼馅也有各种口味,不仅有传统的糖馅、果馅、澄沙馅、枣馅,也有芝麻椒盐的甜咸口味。宫里的月饼都是成套的,所用木模有大小八种规格,供桌上的月饼由小至大摆成塔形,顶尖月饼直径两寸(约6.6厘米),最底部的大月饼直径两尺(约70厘米),皆用梨木月饼模子印制,纹饰图案各异。故宫博物院藏有一件"月宫玉兔"图案的月饼模子,制作十分精美,上有广寒宫、桂树、捣药的玉兔,周围一圈还刻着寓意平安吉祥的佛教八宝纹饰。

据中国第一历史档案馆藏《清宫膳食档案》记载,中秋节前后几日,内务府造办处都在忙着造办月饼。宫中也有不用木模制作的月饼,这样的月饼会打上颜色鲜艳的印记以示区分。比如档案中记载了一种不用木模的月饼,酥松多层,咬一口就会掉下小片油酥,轻拍一下,酥皮便会

● 象牙雕《月曼清游图·琼台玩月》

● "月宫玉兔"月饼模子

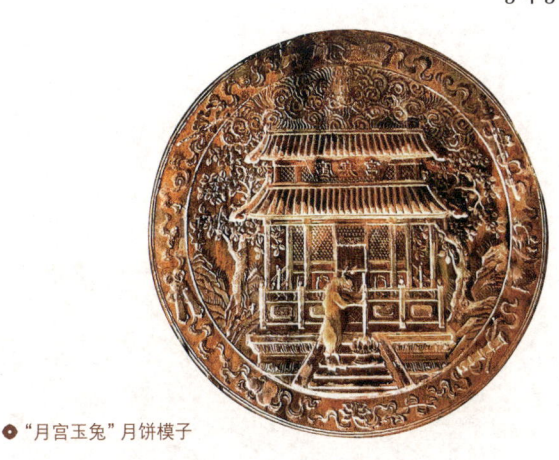

如雪白的鹅毛一样簌簌飞落。慈禧太后很喜欢这种月饼，特为其赐名"翻毛"。

中秋节当日，皇帝一大早就要给太后送月饼，当天的早膳和晚膳餐桌上也都会出现月饼。据《哨鹿节次超常膳底档》记载，乾隆帝的餐桌上就有自来红、俗称"奶饼子"的奶子敖尔布哈月饼。皇帝还会把宫中做好的月饼当做节礼赏赐给重要的内阁辅臣、大学士等，在明清故宫廷档案中都可见到相关记载。

清代宫廷中，月饼不仅在中秋吃，还有存放到除夕吃的习惯。中秋节祭月后，会将十斤大月饼用红绸包起，依例放到阴凉处风干、收贮，因烤、烙制的月饼油量大、水分少，便于存放，可以直到除夕晚上再吃，取团圆之意。

后记
EPILOGUE

故宫博物院是中华优秀传统文化的荟萃地。作为一名学者，我愿意用心去写《故宫生活志》，以此来揭示故宫博大精深的文化内涵。这与我身在故宫内，常年受到故宫历史文化的熏陶密切相关。

2003年，我从北京工业大学硕士毕业后，进入故宫博物院工作。我接触的第一项古建筑工程就是太和殿百年大修。我的专业是防灾减灾与防护工程，这个专业侧重于建筑结构的力学分析。由于当时院内力学专业人员很少，我很幸运地被派上了一线，负责对太和殿的结构安全问题进行科学评估，提出修缮加固方案。随后，我负责了故宫角楼、神武门、英华殿等古建筑的科学评估。在长期研究中，我注意到：故宫古建筑的魅力，不仅仅在于它的力学稳固性；它们承载的艺术和文化极其博大精深；古建筑背后丰富沧桑的过往，是紫禁城历史文化的缩影，富含了无穷魅力。逐渐地，我开始关注古建筑蕴含的古代智慧，对故宫古建筑认识的升华，为本书写作提供了动力源泉。

我在故宫古建部工作了十年，主要从事故宫古建筑的科学分析工作。2013年，因单位学术研究需要，我从古建部调入了故宫学研究所，主要从事古建筑保护研究。"故宫学"由郑欣淼先生提出，是一门关注故宫建筑、器物、文献、艺术、历史等领域的综合性学科。我进入故宫学研究所以来，学术关注点已不限于古建筑，而在于故宫学的研究对象；关注内容也不限于科学分析，而是从科学到文化，从艺术到历史的方方面面。2024年8月，因单位学术规划需要，故宫学研究所与研究室合并，成立了故宫学研究院。作为故宫学研究院的一名研究员，我专注于故宫学研究。在我看来，故宫是一座中华优秀传统文化遗产的大宝库，是解读中国古代历史文化的一部大辞典，是我国古代建筑、艺术藏品、文献档案、宫廷典籍的荟萃地。这些文化宝藏，就是我在故宫这座大学校里学习、研究的主要对象。二十余年来的亲身体验和真切感受，为本书写作提供了丰富的题材来源。

作为一名工科学者，我的治学风格有点"轴"。我不喜欢人云亦云，网上传得多的内容往往会引起我的质疑和关注。凡事要有证据。对于任何传言，要么有史料证据，要么有现场调查证据，要么有实验分析证据；如果都没有，那么这个传言就是站不住脚的，我也不愿意写进书里。另外，摆事实、讲道理，一条一条地说出来，讲究逻辑，这也是工科思维影响下的治学风格。对故宫蕴含的历史文化内涵的解读，不仅应科学真实，而且要通俗易懂，条理分明，这样才有助于读者理解，更有利于故宫文化的传承。

我在故宫工作的时间越长，越能感受到其中的无穷魅力，越能发现自己认知的有限。囿于学术水平，对明清宫廷生活的方方面面，本书尚不能一一道尽。在后续的研究中，我将进一步深入调查研究、科学分析论证，解读好故宫富含的历史文化内涵，并根据读者朋友们提出的真知灼见不断去完善，为读者呈现更多优秀的历史文化读本，更好地弘扬和传承中华优秀传统文化。

二〇二四年十二月